Peter Ryan

Aufmerksamkeit
trainieren

Aufmerksamkeit
trainieren

Wie geht das **?**

Verlag an der Ruhr

Impressum

Titel: Aufmerksamkeit trainieren – Wie geht das?

Titel der neuseeländischen Originalausgabe:
Are you listening to me? – Teaching and learning about Listening
© 1997 User Friendly Resource Enterprises Ltd.
New Zealand Office, P.O., Box 1820
Christchurch, St. Elmo Courts, 47 Hereford Street, Christchurch
Australian Office, P.O., Box 278, Annandale, NSW 2038, Sydney

Autor: Peter Ryan
Übersetzung: Pascal Reckmann
Illustrationen: Magnus Siemens
Druck: Druckerei Uwe Nolte, Iserlohn

Verlag an der Ruhr
Postfach 10 22 51, D–45422 Mülheim an der Ruhr
Alexanderstraße 54, D–45472 Mülheim an der Ruhr
Tel.: 02 08–439 54 50, Fax: 02 08–439 54 39
E-Mail: info@verlagruhr.de – **www.verlagruhr.de**

© der deutschsprachigen Ausgabe:
Verlag an der Ruhr 2002
ISBN 3-86072-750-8

geeignet für die Klasse 5 6 7 8 9 10

Die Schreibweise der Texte folgt der reformierten Rechtschreibung.

Gedruckt auf chlorfrei gebleichtes Papier.

Inhaltsverzeichnis

Einleitung

Wie wichtig ist Aufmerksamkeit für Sie?
Wie wichtig ist sie für Ihre Schüler?

Vermitteln Sie Ihren Schülern* Techniken der Aufmerksamkeit mit genauso viel Enthusiasmus und Engagement, wie Sie ihnen beispielsweise Lesen, Schreiben und Rechnen vermitteln?

Wenn Sie bei der Beantwortung dieser Fragen ein bisschen ins Grübeln kommen, wird Ihnen dieses Buch ganz sicher eine Hilfe sein. Die meisten von uns kennen die Bedeutung, die Aufmerksamkeit und Zuhören als soziale Kompetenzen in unserem eigenen Leben und im Leben der Schüler haben. Wenn es aber darum geht, eine Unterrichtsreihe zur Förderung der Aufmerksamkeit der Schüler zu planen, sind wir oft hilflos. Ich weiß von mir selbst, dass der größte Teil meiner eigenen Unterrichtskonzepte zum Thema „Aufmerksamkeit" aus einigen höchst fragwürdigen Bewertungen und ein paar Spielen bestand. Während der letzten drei Jahre habe ich Lehrer an Grund- und weiterführenden Schulen bei der Entwicklung eines Lehrplans mit dem Schwerpunkt „Aufmerksamkeit und Zuhören" beraten. Im Laufe dieser Arbeit habe ich einige hervorragende Unterrichtskonzepte kennen gelernt und Gelegenheit gehabt, britische und neuseeländische Experten auf dem Gebiet des mündlichen Sprachgebrauchs zu hören.

Insbesondere möchte ich mich bei Susan Gray vom Auckland College of Education für ihre Unterstützung bei meiner Arbeit zum Thema „Aufmerksamkeit" bedanken. Zudem bin ich meinen eigenen Kindern und ihren Lehrern dafür dankbar, dass sie einige der Materialien ausprobiert haben. Ich beanspruche für mich nicht, der Erfinder der Materialien und Ideen dieses Buches zu sein, aber ich möchte sie an ein größeres Publikum weitergeben. Soweit mir Quellen bekannt sind, werde ich sie angeben.

Peter Ryan

* Aus Gründen der besseren Lesbarkeit verwenden wir in diesem Buch durchgehend die männliche Form. Natürlich sind auch immer Frauen und Mädchen gemeint, also Lehrerinnen, Schülerinnen usw.

Kapitel 1

Warum zuhören ?

Warum zuhören?

Bewusstes Zuhören hat viele Gründe

Wenn die Schule das aufmerksame Zuhören und eine Auseinandersetzung mit diesem Thema fördert und zum Gegenstand ihres Unterrichts macht, werden die Schüler auch bewusster auf ihr Hörverhalten im Freizeitbereich achten. Viele Konflikte und Missverständnisse könnten vermieden werden, wenn Schüler, Lehrer und Eltern bessere Zuhörer wären.

Auch eine Sensibilisierung der Schüler für das **Sinnesorgan Ohr** ist wichtig. Gerade in den letzten Jahren gibt es immer mehr Kinder und Jugendliche mit Hörproblemen (Tinnitus). Ursachen sind Überbelastungen des Gehörs durch zu laute Musik, z.B. aus dem Walkman oder in der Diskothek. Deshalb ist es wichtig, die Schüler an das Thema **„Zuhören und Hören"** heranzuführen und sie auf Risiken aufmerksam zu machen.

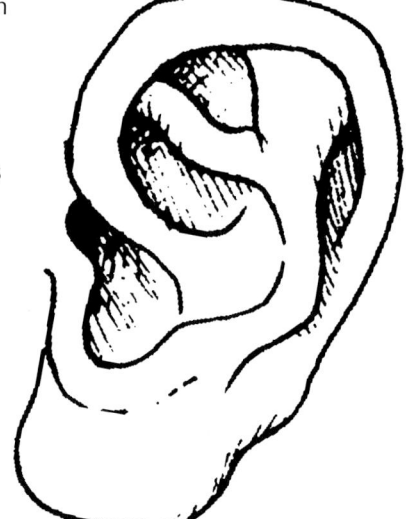

Lassen Sie uns zum Einstieg zunächst die verschiedenen Gründe des Zuhörens betrachten. Zunächst sollten wir uns jedoch selbst der Komplexität des Zuhörprozesses bewusst werden. Für aufmerksames Zuhören gibt es viele verschiedene Gründe.

Zuhören im Unterricht

Wenn wir von unseren Schülern verlangen, aufmerksam zuzuhören,
müssen wir ihnen diese Fähigkeit auch vermitteln.
Fordern Sie Ihre Schüler deshalb auf

- **immer nachzufragen, wenn sie etwas nicht richtig gehört
  oder nicht richtig verstanden haben.**
- **geduldig zu sein und andere ausreden zu lassen,
  auch wenn sie anderer Meinung sind.**
- **eine Atmosphäre in der Klasse zu schaffen,
  in der jeder Schüler sich wohl fühlt und sich gerne
  mündlich am Unterricht beteiligt.**

Schüler müssen in der Lage sein, aufmerksam zuzuhören, um Anweisungen richtig befolgen zu können, Aufgaben zu verstehen und um (Lern-) Inhalte aufzunehmen – sowohl zu Hause als auch in der Schule. Diese Fähigkeit muss aber genauso wie das Lesen, Schreiben oder Rechnen geübt und gepflegt werden.

Wenn ihr etwas nicht richtig verstanden habt, fragt immer nach!

Diese Art des Zuhörens ist eher kurzfristig gefordert und lässt sich leicht überprüfen – befolgen die Schüler die Anweisungen, die ihnen aufgetragen wurden? Als Lehrer kontrollieren wir so immer auch unsere eigenen Fähigkeiten beim Erteilen von Anweisungen, da wir sofort **Feedback** von den Schülern erhalten. Wir wissen direkt, ob wir Begriffe benutzt haben, die für die Schüler zu schwer sind, oder ob wir uns erst einmal um die Aufmerksamkeit eines Schülers bemühen müssen, bevor wir ihm einen Auftrag erteilen.

Lernorientiertes Zuhören

Menschen nehmen große Mengen an Informationen über das Gehör auf. Ein Großteil des Gehörten wird dabei gleichzeitig von visuellen Eindrücken begleitet. **Das lernorientierte Zuhören ist jedoch viel komplexer und anspruchsvoller.** Es ist kurzfristig schwer zu überprüfen, weil es in der Regel kein direktes Handeln nach sich zieht. Außerdem muss man das Gehörte oft erst reflektieren, bevor man es vollständig verarbeiten kann, sodass der Lerneffekt – und damit die Überprüfbarkeit – erst verzögert eintritt. Um einen echten Lerneffekt zu erreichen, ist daher mehr gefragt als einfaches Auswendiglernen und Reproduzieren.

Unterhaltendes Zuhören

Nicht immer zieht Zuhören Lerneffekte nach sich. Schüler lassen sich auch über das Zuhören unterhalten – durch Musik, Hörspiele, Witze, Geschichten und vieles mehr.

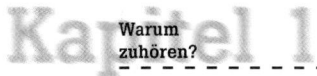
Schüler mit guten Zuhörfähigkeiten haben in der Freizeit daher auch mehr Möglichkeiten, sich zu beschäftigen und unterhalten zu lassen als Schüler, denen es an solchen Fähigkeiten mangelt. Genau wie das Lesen in der Freizeit die Lesefertigkeiten der Schüler trainiert, so ist auch das unterhaltende Zuhören in der Freizeit (z.B. Hörspiele, Radio oder ein Konzert) eine gute Übung, die die Aufmerksamkeit trainiert.

Anderen zuhören

Wer jemandem zuhört, nimmt nicht nur die lexikalische Bedeutung von Worten wahr, wie beim Lesen, sondern erfährt auch etwas über die Bewertung, die der Sprecher dem Gesagten gibt. Durch Lautstärke, Betonung, Tonfall, Gestik und Mimik kann man seinen Worten zusätzlichen Ausdruck verleihen. Jedes Gespräch braucht einen **Sprecher** und einen **Hörer**. Beide Rollen sind voneinander abhängig. Eine wichtige Voraussetzung für ein gutes Gespräch ist die Fähigkeit, aufmerksam zuzuhören. Das Zuhören in einem Gespräch unterscheidet sich wesentlich von den beiden vorhergehenden Aspekten des Zuhörens. Der Zuhörer kann durch Nicken, Zustimmen oder Nachfragen zeigen, dass er aufmerksam ist und sich für das Gespräch interessiert. Als Erwachsene wissen wir, wer ein guter Zuhörer ist und wer nicht. Daher sollten wir als Lehrer unseren Schülern vermitteln, wie sie in Gesprächen aufmerksame Zuhörer sein können.

Kommunikationsmodell*

(nach Schulz von Thun)

Die vier Seiten der Nachricht

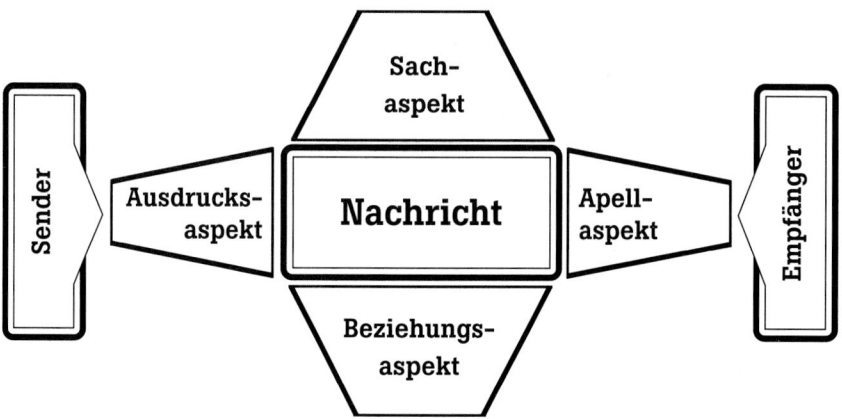

<u>Sachaspekt:</u>

Der formale, sachliche Inhalt der Nachricht.

<u>Beziehungsaspekt:</u>

Die Nachricht bekommt einen zusätzlichen Inhalt durch die Beziehung, in der Sender und Empfänger zueinander stehen.

<u>Ausdrucks-/Selbstoffenbarungsaspekt:</u>

Die Nachricht sagt etwas über die Ziele und Motive des Senders aus.

<u>Apellaspekt:</u>

Auch jenseits der Sachebene kann die Nachricht einen Apell an den Sender enthalten. So enthält z.B. die Äußerung *„Hier zieht's!"* auch den Apell, doch bitte das Fenster bzw. die Tür zu schließen.

---

* Vgl. Friedmann Schulz von Thun: Miteinander reden. Störungen und Klärungen. Allgemeine Psychologie der Kommunikation. Rowohlt Taschenbuch Verlag 1996, S. 13f.

Wie hört man aufmerksam zu?

Durch das Schreiben in ein **Hörtagebuch** können sich die Schüler bewusst
machen, durch welche Faktoren ihnen das aufmerksame Zuhören erleichtert oder erschwert wird. Vielleicht bemerken sie auch, dass sich diese Faktoren in verschiedenen Situationen unterscheiden. Zum Beispiel fällt es
manchen Leuten leichter, einem Redner zuzuhören, wenn sie ihn anschau-
en. Andere finden es einfacher, wenn sie ihre Augen schließen, um sich auf
das Gesagte zu konzentrieren.

Faktoren, die die Aufmerksamkeit beeinflussen

- die Tageszeit
- deine Gesprächspartner
  und dein Verhältnis zu ihnen
- das Thema
- die Art von Musik im Hintergrund
- was sonst noch um dich herum passiert
- deine Stimmung
- ob du dich dabei bewegst oder nicht
- und vieles mehr …

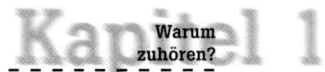

Beispiel für ein erstes Brainstorming zum Thema „aufmerksames Zuhören"

Schreibe hier auf, wem du alles zuhörst! Einiges wurde schon für dich ausgefüllt. Wenn etwas davon nicht auf dich zutrifft, kannst du es durchstreichen.

Kopiervorlage s. Anhang, 110/111

Meinen Freund am Telefon

Dem Radio

Meinem Lehrer

Meinen Eltern, wenn sie mich morgens zum Frühstück rufen

Hörerfahrungen

Bevor Sie mit Ihrem Aufmerksamkeits-Training beginnen, sollten Sie die **Schüler für ihr eigenes Gehör sensibilisieren**. Folgende Übungen helfen den Schülern, ihr Gehör zu schulen und sich den Prozess des Hörens und Zuhörens bewusst zu machen:

Stilleübungen:

Diese Übungen gehen auf Maria Montessori zurück: Die Schüler laufen im Klassenzimmer umher und werden aufgefordert, dabei kein Geräusch zu machen. Alternativ könnten sie beim Laufen bewusst ein bestimmtes Geräusch erzeugen, z.B. auf den Boden stampfen.

Schüler empfinden es in der Regel als sehr entspannend, für eine Zeit lang einer Stille ausgesetzt zu sein, sozusagen als **„Oase"** vom lauten Schulalltag.

Konzentriertes Hören:

Die Schüler schließen ihre Augen für ein paar Minuten und lauschen konzentriert ihrer Umgebung. Danach schreiben sie schnell auf, was sie alles gehört haben, z.B. Schritte auf dem Flur, Geräusche aus dem Nebenzimmer oder ein Fahrradklingeln. Die Schüler werden erstaunt sein, wie unterschiedlich ihre Wahrnehmung ist. Während der eine vielleicht nur das Geschrei in der Turnhalle gehört hat, erzählt der andere vom Vogelzwitschern und Geräusch des Fegens auf dem Schulhof.

Geräusche produzieren:

Alle Schüler, bis auf einen, schließen die Augen. Dieser erzeugt nun ein möglichst ungewöhnliches Geräusch seiner Wahl und die anderen müssen erraten, wie er es erzeugt. Wer es weiß, macht es nach und darf sich als nächster ein Geräusch ausdenken und es vormachen.

Orientierung:

Ein Schüler läuft mit verbundenen Augen durch den Raum und wird von seinen Mitschülern mit bestimmten Geräuschen vor Hindernissen gewarnt. Diese Übung macht den Schülern deutlich, wie wichtig das Gehör zum Beispiel für Menschen mit Sehbehin-

derungen ist und schult gleichzeitig ihr Gehör. Eine weitere Übung ist, der Hälfte der Schüler die Augen zu verbinden und sie einer Geräuschquelle im Raum, z.B. einem Gong, folgen zu lassen. Die andere Hälfte passt auf, dass sich keiner verläuft oder gegen ein Hindernis stößt und beurteilt gleichzeitig das Orientierungsvermögen der Mitschüler.

Hörgeschichten:

Nehmen Sie verschiedene Geräusche auf Kassette auf und spielen Sie sie in der Klasse vor. Die Schüler sollen nun ihre Assoziationen zu den einzelnen Geräuschen notieren. Oder sie könnten versuchen, eine Geschichte zu schreiben und alle Geräusche in dieser Geschichte vorkommen zu lassen. (Beispiele für Geräusche-CDs finden Sie bei den Literaturtipps auf Seite 116.)

Geräusche aufnehmen:

Die Schüler können in Gruppen oder allein in der Schule oder zu Hause Geräusche auf Kassette aufnehmen. Am nächsten Tag können sie sie in der Klasse vorspielen. Die anderen raten, um welche Geräusche es sich dabei handelt.

Ein Hörtagebuch

Fordern Sie die Schüler auf, über ihre Hörgewohnheiten Buch
zu führen. Auf der nächsten Seite finden Sie ein Beispiel für
eine Hörtagebuchseite.

Führe 24 Stunden lang Buch
über deine Hörgewohnheiten!

In diesem Tagebuch hältst du fest:

- **was du dir anhörst**
- **wem du zuhörst**
- **warum du zuhörst** (z.B. um Anweisungen zu verstehen,
  um zu lernen, zur Unterhaltung, um ein guter Freund zu sein …
  Diese Gründe können sich auch überschneiden).

Du kannst dir dein eigenes Konzept für ein Tagebuch ausdenken
oder die Vorlage nutzen, die dein Lehrer ausgeteilt hat.
Dieses Tagebuch soll dir und deinem Lehrer einen Überblick über
deine Zuhörgewohnheiten und -fähigkeiten geben.

Während du in dein Tagebuch schreibst, solltest du folgende Fragen
im Hinterkopf behalten:

- **Was hilft dir, um aufmerksam zuzuhören?**
- **Was hindert dich am aufmerksamen Zuhören?**

Beispiel für ein Hörtagebuch

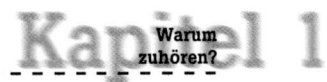

Kopiervorlage
s. Anhang,
112/113

Datum: _____   Uhrzeit: _____

Was höre ich mir an?

_____

_____

Wer ist mit einbezogen?

_____

_____

Warum höre ich zu?

_____

_____

Was hat mir beim aufmerksamen Zuhören geholfen?

_____

_____

Was hat mich am aufmerksamen Zuhören gehindert?

_____

_____

Notizen machen

Ein weiterer wichtiger Punkt ist das **Notieren von Stichworten**. Es kann sehr hilfreich sein, sich Notizen zu machen – es kann aber auch vom aufmerksamen Zuhören ablenken. Wenn man etwas stichwortartig notiert, schreibt man natürlich viel langsamer als der Sprecher spricht. Das bedeutet, dass man nur einen kleinen Teil dessen aufschreiben kann, was gesprochen wird. Das ist in Ordnung, wenn man schon vorher weiß, was man notieren muss (zum Beispiel eine Telefonnummer).

Wenn man aber immer noch dabei ist, sich etwas zu notieren, was der Sprecher schon vor drei Minuten gesagt hat, sollte man besser aufhören zu schreiben. Manchmal ist es am besten, einfach nur zuzuhören und hinterher ein paar Schlüsselwörter zu notieren. Wer im Unterricht konzentriert mitdenkt und sich aber zu sehr damit beschäftigt, den Lernstoff zu verarbeiten, läuft Gefahr, wichtige Informationen zu „verpassen". Schüler sollten sich nicht zu lang und zu intensiv mit einer Information beschäftigen, denn sonst sind sie nicht fähig, dem Unterrichtsgeschehen weiterhin aufmerksam zu folgen. Je nach Situation und persönlichen Vorlieben sollte jeder für sich entscheiden, ob er das Notizenmachen als Hilfe oder als Hemmnis empfindet und gegebenenfalls beides einmal ausprobieren.

Fragen aufschreiben

Eine Alternative zu stichpunktartigen Notizen sind Fragen. Oft fallen einem schon während des Zuhörens Fragen ein, die man sich direkt notieren sollte. Man muss sie nicht während des Zuhörens beantworten. Die Fragen allein sind ausreichend, denn sie zeigen, auf was man beim weiteren Zuhören achten muss.

Jeder sollte für sich entscheiden, welche Methode (stichpunktartige Notizen oder Fragen) er anwenden möchte. Im Unterricht hat sich allerdings eher die Fragen-Methode bewährt.

Sie können mit Ihren Schülern eine Reihe von **Hörübungen** (s. S. 21) durchführen. Diese sollten sich über mehrere Tage erstrecken. Die Schüler sollen bei jeder Übung darüber nachdenken, welche Faktoren ihnen beim Zuhören geholfen haben und diese dann notieren. Anschließend können sie in Kleingruppen über ihre Ergebnisse diskutieren. Oft können Schüler von ihren Klassenkameraden Ideen und Strategien übernehmen, die dann auch ihnen beim aufmerksamen Zuhören helfen.

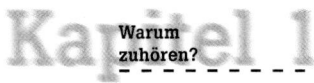

Kopiervorlage s. Anhang, 114/115

Vorschläge für Hörübungen

Schreibe für jede Übung auf, was dir das Zuhören erleichtert oder erschwert.

1. Höre jemandem zu, der laut vorliest.

2. Höre jemandem zu, der dir am Telefon eine kurze Nachricht durchgibt, die du dann weitergeben sollst.

3. Höre jemandem zu, der einen Textausschnitt aus einem wissenschaftlichen Buch vorliest.

4. Höre jemandem zu, der erklärt, was ihr zuletzt in Biologie gemacht habt.

5. Schaue dir eine Videoaufzeichnung eines Wetterberichts an.

6. Höre dir eine Wettervorhersage im Radio an (aber für einen anderen Tag).

7. Höre in einer Kleingruppe einem Mitschüler zu, der von seinem Haustier, seiner Familie oder seinem Hobby erzählt.

8. Höre dir die Anweisungen deines Lehrers an.

9. Höre dir ein Musikstück an.

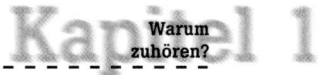

Faktoren, die das Zuhören beeinflussen

Viele unterschiedliche Faktoren bedingen das aufmerksame Zuhören.
Deshalb sollte man wissen, unter welchen Bedingungen man selbst aufmerksam zuhört. Es kann auch sein, dass einige Faktoren das Zuhören
in bestimmten Situationen erleichtern, in anderen jedoch nicht.
Im Folgenden finden Sie einige Fragen, die den Schülern helfen sollen,
ihre **idealen „Zuhörbedingungen"** festzustellen. Die Schüler können sich
nach einigen Hörerfahrungen noch weitere überlegen.

? Was habe ich beim Zuhören mit meinen Augen gemacht?
Hat es mir das Zuhören erleichtert oder es erschwert?

? In welcher Körperhaltung befand ich mich beim Zuhören?
(Habe ich aufrecht gesessen, gestanden, mit dem Kopf
auf dem Tisch gelegen …?)
Hat mir diese Haltung das Zuhören erleichtert oder erschwert?

? Woran habe ich beim Zuhören gedacht oder habe ich
vielleicht an gar nichts gedacht?

? Hat es mir geholfen, Notizen zu machen,
zu skizzieren oder ein Schaubild zu malen?

? Wie hat der Sprecher mein Zuhören beeinflusst?
Hat er laut/leise, undeutlich/deutlich gesprochen?

? In was für einer Verfassung befand ich mich?
War ich müde, wach, hungrig, traurig, fröhlich etc.?

? Zu was für einem Zeitpunkt des Tages habe ich zugehört?

❔ Wie bin ich mit Ablenkungen umgegangen?

❔ Gab es andere Faktoren, die mich beim Zuhören unterstützt oder es mir erschwert haben?

❔ Habe ich im Großen und Ganzen aufmerksam zugehört?

www.verlagruhr.de
© Verlag an der Ruhr

Kapitel 2

Zuhören – eine komplexe Tätigkeit

Zuhören
– eine komplexe Tätigkeit

Schon wenn man über die vielen unterschiedlichen Gründe, aus denen wir
zuhören, nachdenkt, merkt man, wie komplex das Zuhören ist. In vielen
Aspekten ähnelt es dem Lesen. Ein Unterschied ist, dass wir alle viel früher
mit dem Zuhören als mit dem Lesen begonnen haben und die meisten von
uns mehr zuhören als lesen.

Es gibt noch einen weiteren wichtigen Unterschied – den **Fokus**. Wir
nehmen täglich eine Vielzahl verschiedener Höreindrücke auf und verarbeiten sie. Doch Zuhören bedeutet, eine **Auswahl zu treffen** und
dem Gehörten einen Sinn zu geben. Zuhören ist ein kognitiv sehr
anspruchsvoller Prozess.

Bei den folgenden Ausführungen gehen wir davon aus, dass die Schüler
keine Probleme mit dem Hören als physischem Prozess haben. Stattdessen
werden wir uns auf die Faktoren konzentrieren, die Schülern helfen, selektiv zuzuhören und Höreindrücken einen Sinn zu geben.

Selektives Zuhören

Unsere Ohren sind immer auf Empfang gestellt. Während unsere Augen
sich zum Beispiel während des Schlafes ausruhen, empfangen die Ohren
rund um die Uhr Signale. Weil eine **ständige Aufnahmebereitschaft** von
akustischen Signalen unser Gehör aber überfordern würde, müssen wir
lernen, wichtige Höreindrücke von weniger wichtigen zu unterscheiden.
Diesen Prozess bezeichnet man als **selektives Zuhören**.

Das selektive Zuhören ist eine **persönliche Entscheidung**. Selektiv zuzuhören heißt, sich für bestimmte Höreindrücke zu entscheiden und damit
gleichzeitig andere zu ignorieren. Beim Zuhören auszuwählen, heißt seine
Aufmerksamkeit nicht zu „verschwenden" und sich gezielt zu bemühen bei
wichtigen Aspekten aufmerksam zu sein.

Die Höreindrücke, für die man sich entschieden hat, müssen verarbeitet
werden. Man gibt ihnen einen Sinn und ruft sich ein schon vorhandenes
Vorwissen ins Bewusstsein. Das ist ein sehr anspruchsvoller Vorgang. Niemand kann den ganzen Tag lang aufmerksam zuhören. Denken Sie nur
daran, wie anstrengend es ist, einem Redner eine Stunde lang zu folgen –
zum Beispiel bei einem Vortrag, in einem Kurs oder bei einer Kollegiums-
versammlung. Achten Sie während eines Vortrages einmal auf Ihr eigenes
Verhalten. Wie reagieren Sie, wenn Sie nicht mehr in der Lage sind, aufmerksam zuzuhören? Wahrscheinlich kommen Ihnen Verhaltensweisen wie
aus dem Fenster schauen, kritzeln, tagträumen oder immer wieder die Sitz-
position wechseln bekannt vor.

Achten Sie auch auf die **Strategien des Redners**, mit denen er Ihre
Aufmerksamkeit zu gewinnen versucht. Vielleicht erzählt der
Redner zwischendurch einen Witz, setzt
visuelle Hilfsmittel ein, verändert den Ton
seiner Stimme oder macht Pausen.
All diese Strategien erleichtern es den
Zuhörern, aufmerksam zu
bleiben. Greifen Sie selbst
auf solche rhetorischen
Kunstgriffe im Unterricht
zurück und vermitteln
Sie sie auch Ihren
Schülern.

Für Schüler gibt es speziell im Schulalltag eine Menge unterschiedlicher Gründe, bewusst zuzuhören. Möglicherweise hören sie sich Anweisungen aufmerksam an,

- ▣ weil sie die Konsequenzen fürchten, wenn sie es nicht tun.
- ▣ weil sie sich mit ihren Lehrern gut stellen möchten.
- ▣ weil sie den Schultag einfach nur schnell hinter sich bringen wollen.

Es kann sein, dass sie lernorientiert zuhören,

- ▣ weil sie ein Thema interessant finden.
- ▣ weil sie Spaß daran haben, Informationen und Wissen zu sammeln.

Schüler können sich für das unterhaltende Zuhören entscheiden,

- ▣ weil sie eine bestimmte Art von Musik mögen.
- ▣ weil sie den Humor einer Fernseh- oder Radiosendung mögen.
- ▣ weil sie von einer Geschichte selbst betroffen sind.

Sie entscheiden sich vielleicht, anderen Personen zuzuhören,

- ▣ weil ihnen eine Person wichtig ist.
- ▣ weil sie sich dafür interessieren, was eine Person sagt.
- ▣ weil sie wissen, dass sie gegenüber ihren Gesprächspartnern freundlich und höflich sein sollten.

Genauso wichtig sind die Gründe, nicht zuzuhören. **Niemand von uns kann den ganzen Tag aufmerksam sein.** Manchmal müssen wir uns dafür entscheiden, nicht zuzuhören. Erwachsene können normalerweise einschätzen, wann der richtige Moment für eine Auszeit ist – unsere Schüler hingegen brauchen dabei noch Hilfe.

Höreindrücken einen Sinn geben

Höreindrücke zu selektieren ist sehr wichtig – aber nur ein Teilaspekt des Zuhörens. Der nächste Schritt des Zuhörens ist, **den Höreindrücken einen Sinn zu geben** – sie mit unserem Vorwissen und unseren allgemeinen Vorstellungen abzugleichen. Das ist ein komplexer und anspruchsvoller Prozess, weil wir es mit „vergänglichen" Signalen zu tun haben. Wenn wir beim Lesen eines komplizierten Texts etwas nicht verstehen, können wir im Text zurückgehen oder etwas weiter vorne nach weiteren Hinweisen suchen.

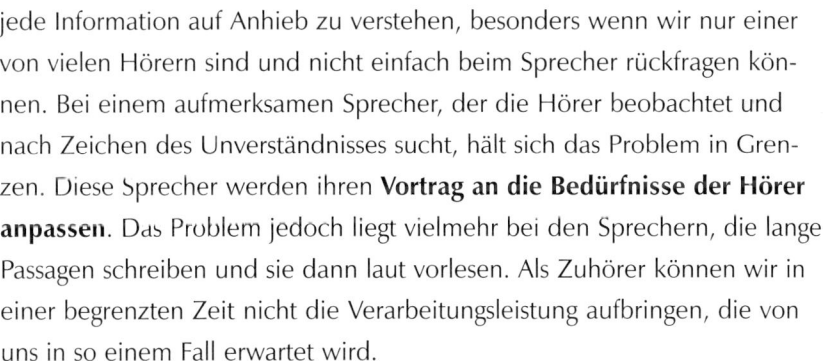

Wenn wir Informationen über das Gehör aufnehmen, müssen wir versuchen, jede Information auf Anhieb zu verstehen, besonders wenn wir nur einer von vielen Hörern sind und nicht einfach beim Sprecher rückfragen können. Bei einem aufmerksamen Sprecher, der die Hörer beobachtet und nach Zeichen des Unverständnisses sucht, hält sich das Problem in Grenzen. Diese Sprecher werden ihren **Vortrag an die Bedürfnisse der Hörer anpassen.** Das Problem jedoch liegt vielmehr bei den Sprechern, die lange Passagen schreiben und sie dann laut vorlesen. Als Zuhörer können wir in einer begrenzten Zeit nicht die Verarbeitungsleistung aufbringen, die von uns in so einem Fall erwartet wird.

Lehrer sollten den Schülern Strategien vermitteln, mit denen sie lernen, das Gehörte zu verarbeiten und ihm einen Sinn zu geben. Dem Gehörten einen Sinn zu geben ist jedoch nicht nur ein intellektueller, sondern auch ein emotionaler Prozess.

Beim unterhaltenden Zuhören und beim Zuhören in Gesprächen sind Gefühle oft wichtiger als der intellektuelle Inhalt. Vielen Schülern fällt es schwer, angemessen auf soziale Konversation zu reagieren und auf diese Weise die Beziehungen zu anderen Menschen zu intensivieren.

Ergebnisse des Zuhörens

Obwohl der Prozess des Zuhörens unsichtbar ist, schafft er normalerweise **sichtbare Ergebnisse**. Am deutlichsten sieht man das, wie bereits erwähnt, wenn Anweisungen erteilt werden. Wenn die Anweisung richtig umgesetzt wird, wissen wir, dass die Schüler zugehört haben. Ähnlich deutlich wird es in zwischenmenschlichen Beziehungen: Körpersprache, Tonfall und sprachliche Reaktion teilen dem Sprecher mit, wie aufmerksam ihm zugehört wurde.

Beim lernorientierten Zuhören kann es sich hingegen komplexer verhalten. Oft hört man etwas und speichert es so lange im Gedächtnis, bis ein Zusammenhang mit einer anderen Sache hergestellt wird, die der Hörer vielleicht erst Wochen oder Monate später erfährt. Dieser Vorgang ist mit einem **Mosaik** vergleichbar, das auch erst dann vollständig ist, wenn alle Teilchen an ihrem Platz liegen.

Es ist gut möglich, dass ein Schüler aufmerksam zugehört und das Gehörte auch verarbeitet hat, ihm aber eine wichtige Information fehlt, mit der er dem Gehörten einen Sinn geben kann.

Ein Schüler hört beispielsweise, dass die Löwen am letzten Wochenende in München gewonnen haben und ein großes Fest auf dem Viktualienmarkt veranstaltet haben. Der Schüler hört sich diese Informationen an, versucht, sie wörtlich zu verarbeiten und meldet dann seine berechtigten Zweifel an der Geschichte an. Erst wenn der Schüler weiß, dass mit den Löwen ein Fußballverein aus München gemeint ist, kann er diese Informationen einordnen und versteht diese Geschichte richtig.

Da das lernorientierte Zuhören eine so komplexe und wichtige Tätigkeit ist, müssen wir unseren Schülern helfen, ihre **effektivsten Lernstrategien** in diesem Bereich einzusetzen.

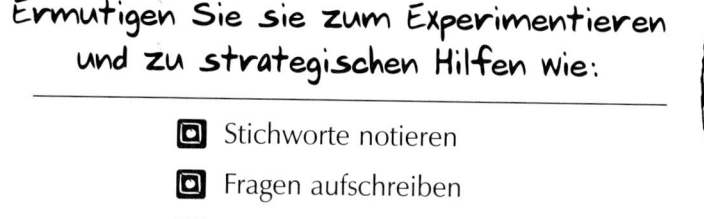

Ermutigen Sie sie zum Experimentieren und zu strategischen Hilfen wie:

- 🔲 Stichworte notieren
- 🔲 Fragen aufschreiben
- 🔲 Mind Maps®* nutzen
- 🔲 Skizzen anfertigen
- 🔲 Augen schließen …

Mit einer solchen **Auswahl an Methoden** können die Schüler dann selbst entscheiden und ausprobieren, was ihnen das Zuhören erleichtert. Es gibt aber natürlich auch Grenzen: Es ist überhaupt nicht praktikabel, zwanzig oder dreißig Schüler auf ihre Tischen trommeln zu lassen, weil sie glauben, dass sie das zu Höchstleistungen beim Zuhören anspornt!

Doch innerhalb dieser Grenzen (Rücksichtnahme auf Mitschüler) bleibt immer noch genügend Raum für individuelle Erfahrungen und Entfaltungen. Weitere Anregungen zu diesem Thema finden Sie auf den folgenden Seiten (Kapitel 4–9).

---

*Mit freundlicher Genehmigung
des Buzan Centre Austria.*

Kapitel 3

Wie vermitteln Sie Aufmerksamkeit?

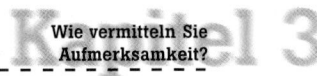
Wie vermitteln Sie Aufmerksamkeit?

Wir müssen nicht bei null anfangen, wenn wir Aufmerksamkeit trainieren wollen. Schulen und pädagogische Einrichtungen könnten gar nicht funktionieren, wenn Schüler nicht in der Lage wären, Anweisungen aufzunehmen. Über die grundlegenden Fähigkeiten verfügen unsere Schüler bereits. Dennoch lohnt es sich, näher auf die einzelnen Elemente, die an dem Hörprozess beteiligt sind, einzugehen.

Vorhersehbarkeit

Das erste dieser Elemente ist die **Vorhersehbarkeit**. Wir benutzen als Pädagogen alle ähnliche Methoden, um Aufmerksamkeit zu erlangen – Methoden, die sich so ähnlich sind, dass sie sich abnutzen. Sie unterscheiden sich zwar von Lehrer zu Lehrer – Schüler erkennen allerdings sehr bald die Struktur dieser Methoden. Sie wissen, dass Klatschen, Räuspern und Aufforderungen wie *„Ohren spitzen!"* oder *„Können wir?"* bedeuten, dass sie aufpassen sollen und dass nun eine Anweisung folgt.

Wie können wir diese Vorhersehbarkeit für andere Bereiche einsetzen, in denen Aufmerksamkeit notwendig ist? **Wecken Sie das Interesse der Schüler schon vor dem Zuhören.** Sie können in Ihrer Einleitung zum Thema schon etwas über den Inhalt eines Textes verraten oder eine Zuhör-Aufgabe stellen. So erleichtern Sie ihren Schülern das aufmerksame Zuhören. Hier sind einige Vorschläge dazu:

Lernorientiertes Zuhören

▸▸ *„Hör dir diese Geschichte an und lass dir erzählen,
   wie der König sich zum Narren gemacht hat."*
▸▸ *„In der Einführung über chemische Verbindungen erfährst du
   etwas über ... Achte auf die drei Methoden der ..."*
▸▸ *„Hör dir diese Wettervorhersage an und fasse zusammen,
   wie das Wetter morgen in unserer Gegend sein wird."*
▸▸ *„Einige Schlüsselbegriffe dieses Themas sind Harmonie, Melodie
   und Bass. Hör gut zu und schreibe auf, was sie deiner Meinung nach
   bedeuten."* (Schreiben Sie die Begriffe für die Schüler an die Tafel.)

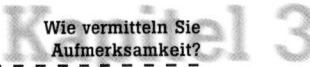

Unterhaltendes Zuhören

▸▸ *„Achte beim Hören des Gedichts auf den Tonfall.*
Inwiefern trägt der Tonfall zur Stimmung des Gedichts bei?"

▸▸ *„Hör dir diese Witze einmal an und erzähle einen davon nach."*

▸▸ *„Hör dir die Musik an und lass dabei deinen Gedanken freien Lauf."*

Zuhören in Gesprächen

Um das Zuhören in Gesprächen zu üben, können Sie **Rollenspiele** einsetzen. So können die Zuhörer angemessene verbale sowie nonverbale Reaktionen auf Gesagtes lernen und trainieren. Schlagen Sie den Sprechern vor, bereits in ihrer Einleitung auf den Inhalt hinzuweisen, um die Aufmerksamkeit ihrer Zuhörer zu gewinnen, z.B.:

▸▸ *„Am Wochenende ist mir wirklich was Lustiges passiert."*

▸▸ *„Ich war so wütend, als …"*

▸▸ *„Ich stelle mich so ungeschickt an, wenn es darum geht …"*

Logik

Das zweite Element, das Schülern erleichtert, Anweisungen aufmerksam zu folgen, ist eine **logische Abfolge** dieser Anweisungen. Idealerweise sollten sie häppchenweise dargeboten werden, d.h. lange Anweisungen werden in kurze Abschnitte gegliedert und den Schülern nacheinander mitgeteilt. Wenn wir unsere Anweisungen ungeordnet erteilen, korrigieren wir uns instinktiv selbst und wiederholen sie in einer logischeren Reihenfolge.

Für Anweisungen mag es nur eine einzige logische Abfolge geben, bei der Organisation von Lernmaterial ist das anders. Hier gibt es viele verschiedene Ansätze, z.B.:

▸▸ **Geben Sie den Schülern erst einen Überblick über eine Unterrichtseinheit und liefern Sie die Details dann nach.** *(Transparenz)*
▸▸ **Orientieren Sie sich an einer historischen Zeitleiste, wenn Sie z.B. historische Ereignisse präsentieren.**
▸▸ **Nutzen Sie visuelle Hilfen, um das Gesagte zu verdeutlichen, z.B. eine geographische Karte.**

Wichtig ist, dass die Schüler wissen, wie das Material organisiert ist, bevor sie Ihren Ausführungen folgen. Sie brauchen ein **Schema**, an dem sie sich orientieren können, damit ihnen das Gehörte nicht als wildes Durcheinander von Wörtern erscheint. Für uns sind **Strukturen** selbstverständlich – das liegt aber oft nur daran, dass wir z.B. bei Texten schon weitergelesen haben oder uns das Verständnis durch fette Überschriften und Diagramme im Text erleichtert wird.

Die Schüler hingegen sind auf ihr Gehör angewiesen. Erklären Sie ihnen, wie ein Text strukturiert ist, bevor Sie etwas vorlesen, z.B.: *„In dieser Text-*

*passage werden wir eine kurze Einführung zu den drei Elementen Harmonie,
Melodie und Bass hören. Danach beschäftigt sich der Autor nacheinander
mit diesen drei Elementen."*

Wenn wir mündliche Anweisungen erteilen, sind diese normalerweise
nicht besonders lang und detailliert. **Versuchen Sie Ihre Anweisungen
in kurze Aussagen aufzugliedern.** Weil Schüler nicht unendlich viele
gesprochene Informationen auf einmal aufnehmen können, sollten Sie Ihre
Anweisungen zusätzlich mit Tafelanschriften, Folien oder Arbeitsblättern
unterstützen.

Überforderung

Trotz allem sind wir uns der Bedürfnisse unserer Zuhörer nicht immer bewusst. Jeder hat sich beim Zuhören schon einmal überfordert gefühlt und
jeder weiß, wie schwer es ist, sich mehr als ein paar Minuten am Stück zu
konzentrieren. Deshalb sollten wir unsere Unterrichtspraxis von Zeit zu
Zeit daraufhin überprüfen und bewerten.

Sie können zum Beispiel einen Kollegen bitten, sich in Ihre Klasse zu setzen und auf die Länge und Komplexität Ihrer Vorträge und Anweisungen zu
achten. Oder Sie nehmen eine Unterrichtsstunde auf und analysieren sie
anschließend selbst. Ein Kassettenrekorder reicht für diesen Zweck völlig
aus und ist weniger störend als eine Videokamera. **Gehen Sie nicht immer
davon aus, dass Ihre Schüler die Störenfriede sind.** Überprüfen Sie stets
auch Ihr Verhalten im Hinblick auf das Zuhör-Verhalten Ihrer Schüler.
Das heißt natürlich nicht, dass unsere Schüler nicht auch trainieren müssen. Aber es ist eben auch wichtig, den Schülern das Zuhören zu erleichtern. Niemand kann einen ganzen Schultag lang aufmerksam zuhören und
die Informationen gleichzeitig verarbeiten.

Sie können die Aufmerksamkeit Ihrer Schüler bereits fördern, wenn Sie hin und wieder „**Hörtrainingsaufgaben**" (s.S. 15/16) in Ihren Unterricht integrieren. So vermitteln Sie die Fähigkeit, in geeigneten Momenten auch mal abzuschalten, um dann bei wichtigen Informationen wieder voll da zu sein.

Informieren Sie die Schüler

Wenn Sie Ihren Schülern bestimmte Aufgaben auferlegen, teilen Sie ihnen mit,

- ⟩⟩ **aus welchem Grund sie zuhören sollen,**
- ⟩⟩ **um welches Thema es sich handelt**
- ⟩⟩ **und vor allem auch, wie lange sie zuhören sollen.**

All diese Faktoren helfen ihnen, sich besser auf das Zuhören zu konzentrieren.

Wenn wir mit unseren Schülern Aufmerksamkeit trainieren wollen, ist es hilfreich, die Aufmerksamkeitsphase in übersichtliche Abschnitte aufzuteilen. So können Schüler neue Informationen Schritt für Schritt verarbeiten.

Wir konzentrieren uns in diesem Buch auf die **Arbeit mit Texten**. Unterschiedliche Texte eignen sich hervorragend für das Training von Aufmerksamkeit. Sie können mit einfach strukturierten Texten beginnen und den Komplexitätsgrad des Aufbaus und der Handlung von Mal zu Mal steigern.

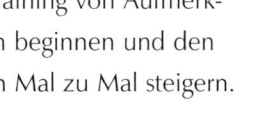

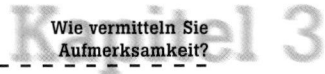
Wenn Sie z.B. eine recht lange Textpassage laut vorlesen wollen, ist es für die Schüler leichter, wenn Sie zunächst nur den einleitenden Absatz vorlesen und dann eine kurze Pause machen. Die Schüler können sich so bereits Fragen aufschreiben, von denen sie glauben, dass diese im weiteren Text beantwortet werden. **Auf diese Weise werden Ihre Schüler zu aktiven Zuhörern mit eigenen Erwartungen.** Außerdem zeigen Sie den eher oberflächlichen Zuhörern, wie man das Gehörte bewusst aufnimmt und es mit eigenem Vorwissen verbindet. Sie können die Schüler auch in Zweier- oder Dreiergruppen aufteilen, in denen sie ihre Fragen besprechen und gemeinsam notieren. In jeder Gruppe sollte aber mindestens ein Schüler sein, der schon ein guter Zuhörer und „**Informationsverarbeiter**" ist.

Beim unterhaltenden Zuhören und beim Zuhören in Gesprächen ist das „**Portionieren von Informationen**" kein großes Thema. Bei diesen beiden Arten des Zuhörens hat das Gegenüber normalerweise immer die Gelegenheit, Fragen zu stellen oder sich zu äußern. Denken Sie nur an das eingespielte Gelächter, mit dem Fernseh-Produktionen unterlegt werden: Die Aufmerksamkeit der Zuhörer wird unterbrochen und die Zuschauer haben Gelegenheit, auch eine entsprechende Reaktion zu zeigen.

In Gesprächen sollte es immer ein ausgewogenes Verhältnis von Sprech- und Höranteilen zwischen den Gesprächspartnern geben.

Reaktionen richtig einschätzen

Versuchen Sie die Reaktionen Ihrer Schüler richtig einzuschätzen und nutzen Sie sie, um ihnen die Aufmerksamkeit zu erleichtern. Wenn Schüler Anweisungen befolgen, reagieren sie normalerweise recht schnell. Wenn sie gar nicht oder falsch reagieren, wissen wir, dass es ein

Problem gibt und versuchen zu helfen. Normalerweise gehen wir aber über solche Stolpersteine hinweg und reagieren einfach entsprechend.

In der Regel vergeht einige Zeit, bevor wir überprüfen können, wie aufmerksam die Schüler beim Lernen wirklich waren. So ist das Verhalten, das wir bewerten, nicht nur das Ergebnis des aufmerksamen Zuhörens, sondern auch einiger anderer Faktoren wie der Merkfähigkeit, des Verständnisses für neue Konzepte oder des Vorwissens sowie vieler anderer Faktoren. Diese Dinge gilt es bei der Bewertung zu berücksichtigen. **Denn das aufmerksame Zuhören ist zwar die Grundlage für Lernerfolge, aber nicht der alleinige Faktor.**

Werden die Schüler beispielsweise aufgefordert, über einen vorgelesenen Textausschnitt zu diskutieren und sich zwei Schlüsselfragen zu überlegen, geben diese Fragen Aufschluss über ihre Art zuzuhören.

Bei der Diskussion über den Textausschnitt werden die Schüler feststellen, dass jeder von ihnen sich andere Informationen gemerkt hat. Knüpfen Sie daran an und regen Sie Ihre Schüler zu einer **Diskussion über verschiedene Zuhörstrategien** an (siehe Kapitel 7). Wenn die Schüler Fragen zum weiteren Verlauf eines Textes formulieren sollen, müssen sie einschätzen, was folgen könnte. So lernen sie, sich mit dem Aufbau des Textes auseinander zu setzen. Sobald der nächste Abschnitt vorgelesen wird, können sie ihre Einschätzung überprüfen und gegebenenfalls korrigieren.

Um die Aufmerksamkeit der Schüler zu überprüfen, können Sie ihre Fragen auch einsammeln. So erfahren Sie, ob Ihre Schüler den Text verstanden haben und den möglichen Fortgang vorhersehen konnten.

Statt Fragen an den Text zu stellen, können die Schüler sich auch Stich- oder Schlüsselwörter notieren oder Mind Maps®* anfertigen. So können Sie feststellen, ob sie in der Lage sind, einem Text einen Sinn zu geben und seinen Aufbau nachzuvollziehen.

Sie werden mit Ihren Einschätzungen vermutlich nicht immer richtig liegen. Man kann auf ihrer Grundlage auch keine Noten für das aufmerksame Zuhören vergeben. Denn zu viele vorhersehbare und nicht vorhersehbare **(Stör-)Faktoren beeinflussen die Aufmerksamkeit der Schüler**, die man bei einer Benotung nicht alle berücksichtigen kann. Notizen können Ihnen und Ihren Schülern aber helfen, die Zuhörfähigkeiten und -methoden zu verbessern. Mit Hilfe von Einschätzungen werden Ihre Schüler zu mitdenkenden Zuhörern. Sie beobachten ihre eigenen Gewohnheiten beim Zuhören und finden heraus, was ihnen das Zuhören erleichtert. Wir werden auf dieses Thema im nächsten Abschnitt noch einmal zurückkommen, wenn es um die Selbsteinschätzung der Schüler geht.

Zusammenfassend können wir feststellen, dass sich im regulären Unterricht sehr viele Möglichkeiten und Situationen ergeben, an denen man ansetzen kann, um Aufmerksamkeit gezielt zu trainieren. Das betrifft z.B. die Art der Aufgabenformulierung und die Strukturierungshilfen, die Schüler dabei unterstützen, Anweisungen im Unterricht zu befolgen:

▸▸ **Wir können durch gezielt formulierte Anweisungen die Aufmerksamkeit der Schüler vorausschauend für uns gewinnen. Schüler erkennen auf diese Weise die Struktur der Anweisungen und können so einschätzen, was sie erwartet.**
▸▸ **Anweisungen werden nach Möglichkeit „häppchenweise" gegeben.**
▸▸ **Wir können anhand der Reaktion der Schüler einschätzen, wie aufmerksam die Schüler den Anweisungen zugehört haben und handeln entsprechend dieser Reaktion.**

* Mit freundlicher Genehmigung
des Buzan Centre Austria.

Kapitel 4

Selbst-
einschätzung

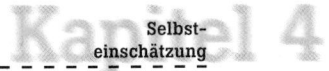
Selbsteinschätzung

Der Einzige, der die Qualität des Zuhörens wirklich bewerten kann, ist der Zuhörer selbst. Als Lehrer können wir immer nur vermuten, wie aufmerksam die Schüler uns zuhören.

Lehrer befinden sich in einer ähnlichen Situation wie Ärzte. Diese lassen sich von ihren Patienten ihre Beschwerden beschreiben, um Informationen für eine Diagnose zu sammeln.

Diese Analogie lässt sich fortführen. Wenn der Patient ein kleines Kind ist oder im Koma liegt, hat der Arzt weitaus größere Schwierigkeiten bei der Diagnose einer Krankheit, da der Patient auf bestimmte Fragen nicht antworten kann. Wenn das Kind älter wird, beginnt es, selbst zu reflektieren und kann dem Arzt Informationen liefern, z.B. wo etwas schmerzt oder wo sich etwas „komisch" anfühlt. Das Kind ist auch in der Lage, dem Arzt diese Beschwerden mitzuteilen. Das geschieht normalerweise in einem Dialog, der von dem Arzt so gesteuert wird, dass das Kind die folgenden Fragen in seinem Sinne beantworten kann.

Führen Sie mit den Schülern Gespräche über ihr Zuhörverhalten.
Leider besteht im Schulalltag selten die Möglichkeit, sich mit jedem einzelnen Schüler mehr als ein paar Minuten zu unterhalten. Trotzdem haben Pädagogen einen regelmäßigeren Kontakt zu ihren Schülern als ein Arzt zu seinen Patienten. So wie ein Arzt das Gespräch in die Richtung lenkt, die für seine Diagnose hilfreich ist, so sollten auch Sie die Reflexion der Schüler über ihr Zuhörverhalten steuern. Verhelfen Sie Ihren Schülern zu einer angemessenen Selbsteinschätzung.

Lehrer unterschätzen häufig die Bedeutung ihrer eigenen Zuhörfähigkeiten. Sie sollten Ihren Schülern einen Überblick über die verschiedenen

„**Zuhör-Strategien**" geben – auch über Ihre eigenen. Ihre Schüler müssen dann selbst ausprobieren, wie sie wann am besten zuhören können. Sie sollten auch neue Strategien testen und sie anwenden, wenn sie ihnen sinnvoll erscheinen.

Im Folgenden sprechen wir von einem „**Dialog**", wenn es um das Ausprobieren und Diskutieren verschiedener Strategien geht, obwohl es sich dabei nur selten um eine Diskussion unter vier Augen handelt. Normalerweise handelt es sich eher um eine Mixtur aus Lehrerbeiträgen, Schülerreflexionen und Diskussionen (oft mit Mitschülern) und Feedback der Schüler.

Schauen wir uns an, wie ein solcher Dialog ablaufen könnte. Dabei werden wir zunächst auf die **wichtigsten Schritte** eingehen und zeigen, wie diese den Schülern bei der Reflexion ihres Zuhörens helfen.

Schritt 1:
Vortest

Bei diesem Vortest sollen die Schüler Gelegenheit haben, ihre eigenen Hörgewohnheiten zu entdecken und mit ihren Mitschülern darüber zu diskutieren. So erfahren sie selbst, dass man in verschiedenen Situationen unterschiedlich zuhören kann.

Wählen Sie einen geeigneten Text aus und lesen sie ihn vor, z.B. eine Sage. Verwenden Sie kurze Texte mit wenig Fremdwörtern, damit die Aufmerksamkeit Ihrer Schüler nicht gleich zu Beginn überlastet wird (z.B. Fabeln).

Die lauteste Mücke

Zwei hungrige Mücken flogen in ein Haus, um sich etwas zum
Abendessen zu suchen. Als sie sich dem schlafenden Opfer näherte,
summte eine der Mücken laut.

„Psst!", machte die andere Mücke. „Du wirst ihn noch aufwecken!"

Die laute Mücke erwiderte: „Du bist ja bloß neidisch, weil ich lauter summen kann als du und als alle anderen Mücken. Wahrscheinlich bin ich die lauteste Mücke auf der Welt."

Die leise Mücke schüttelte den Kopf:
„Da irrst du dich. Es ist mir zu gefährlich."

Doch die erste Mücke summte
noch lauter: „Ich bin nicht nur
die lauteste Mücke auf der
ganzen Welt, ich bin die
lauteste Mücke, die jemals
gelebt hat!"

Und tatsächlich war ihr Summen sehr laut. Plötzlich wachte der
schlafende Mensch auf und schlug die Hände
zusammen. Die laute Mücke wurde erschlagen.

Nun war es ganz still im Zimmer, bis auf die andere Mücke,
die schnell aus dem Fenster flog.

Moral: Hochmut kommt vor dem Fall.

Schritt 2:
Reflexion

Wenn Sie den Text zu Ende gelesen haben, fordern Sie die Schüler auf, alles aufzuschreiben, was ihnen während des Zuhörens durch den Kopf ging. Geben Sie ihnen hierfür ein paar Minuten Zeit und ermutigen Sie sie, dabei ganz ehrlich zu sein.

Schritt 3:
Diskussion mit Mitschülern

Nun sollen die Schüler ihre Notizen mit einem Partner oder in der Gruppe besprechen. Freiwillige können ihre Ergebnisse der gesamten Klasse vorstellen. Sicherlich werden dabei auch einige gute Zuhör-Strategien ans Licht kommen. Heben Sie diese hervor, damit auch die anderen Schüler davon profitieren können.

Schritt 4:
Lehrerbeiträge zur Diskussion

Der Lehrer hat eine festgelegte Rolle in dieser Diskussion. Er sollte sich hier eher wie ein Arzt verhalten. Er sollte sein Fachwissen über Aufmerksamkeit und Lernen in die Diskussion einbringen. Auch unterschiedliche Lernstile und Lerntypen sollten an dieser Stelle angesprochen werden. Der Lernstil hängt davon ab, welchen unserer Sinne wir bei der Informationsaufnahme und -verarbeitung bevorzugt benutzen. Für das Lernen sind vor allem **das Sehen, das Hören** und **das Fühlen** die entscheidenden Sinne.

Hier unterscheidet man folgende Lerntypen:

▸▸ ▸▸ ▸▸ ▸▸ ▸▸ ▸▸ ▸▸ **Der visuelle Lerntyp**

Für ein besseres Verständnis des Textes schließen einige Schüler ihre Augen, um sich die beschriebenen Szenen vorzustellen. Diese Schüler entsprechen einem vorrangig visuellen Lerntyp. Sie brauchen Graphiken, Bilder und Illustrationen, um Sachverhalte besser zu verstehen.

▸▸ ▸▸ ▸▸ ▸▸ ▸▸ ▸▸ ▸▸ **Der auditive Lerntyp**

Andere Schüler ziehen es vor, sich auf den Klang und die Bedeutung der Worte zu konzentrieren. Sie entsprechen einem vorrangig auditiven Lerntyp. Auditive Lerner führen auch oft Selbstgespräche (d.h. sie wiederholen den Lernstoff laut) und fühlen sich durch Geräusche in der Lernumgebung schnell gestört.

▸▸ ▸▸ ▸▸ ▸▸ ▸▸ ▸▸ ▸▸ **Der kinästhetische Lerntyp**

Für andere ist es wiederum hilfreicher, sich selbst in die Rolle einer Hauptfigur zu versetzen und die Szenen im Kopf durchzuspielen. Diese Schüler entsprechen einem vorrangig kinästhetischen Lerntyp. Ein kinästhetischer Lerntyp lernt am besten dadurch, dass er etwas selbst ausprobiert, z.B. durch Rollenspiele oder Gruppenaktivitäten. Für diese Lerner könnte es auch hilfreich sein, die beschriebenen Ereignisse aufzumalen.

Beim Hören eines Textes (z.B. einer Sage) sollten alle Schüler dem Lernstil folgen, der ihnen das aufmerksame Zuhören erleichtert. Dennoch sollten sie sich nicht nur auf einen Lernstil festlegen. **Betonen Sie, dass es unterschiedliche Lernstile und Kombinationen davon gibt** und dass gute Lerner in der Lage sind, verschiedene Lernstile zu nutzen (je nach Situation). Lassen Sie die Schüler verschiedene Strategien beim Zuhören ausprobieren, sodass jeder die ideale Methode oder eine Kombination für sich herausfinden kann. Auf diesen Aspekt des Zuhörens werden wir später noch einmal zurückkommen.

Schritt 5:
Hörtagebücher

Um ihre Fortschritte reflektieren zu können, sollten die Schüler ein Hörtagebuch führen und notieren, was sie in Bezug auf Aufmerksamkeit und Zuhören Neues entdecken und lernen. Sie sollten sich z.B. die Textsorte des vorgelesenen Textes notieren sowie auch die Faktoren, die ihnen das aufmerksame Zuhören erleichtert bzw. erschwert haben. Weiterhin können die Schüler Ideen und Techniken notieren, die sie beim nächsten Mal gern ausprobieren würden. Viele dieser Ideen gehen aus der Diskussion mit Mitschülern oder aus den Vorschlägen des Lehrers hervor.

Schritt 6:
Wiederholung

Wiederholen Sie diese fünf Schritte mit unterschiedlichen Textsorten. Bei unterschiedlichen Textsorten variieren die Hörgewohnheiten – und das

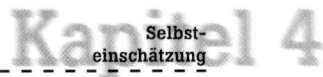

sollten sie auch. Schüler müssen lernen, ihre Zuhör-Strategien der Situation anzupassen. Deshalb ist es wichtig, ihnen eine ganze Reihe von Textarten vorzustellen. Auf diese Weise können sie mit unterschiedlichen Techniken experimentieren. Eine Liste mit Vorschlägen für **Hörübungen** finden Sie auf Seite 21, die dazugehörige Kopiervorlage auf den Seiten 114/115.

Schritt 7:
Selbsteinschätzung

Schüler sollen sich am Ende einer Übungsreihe selbst einschätzen. Diese Selbsteinschätzung verdeutlicht ihnen noch einmal die vielen unterschiedlichen Methoden und Strategien für das aufmerksame Zuhören. Wenn die Schüler während des Schuljahres mehrfach die Gelegenheit erhalten, sich selbst einzuschätzen, können diese Notizen als Dokumentation ihrer Fortschritte dienen.

Schritt 8:
Aufmerksamkeit trainieren

Um die Schüler gezielt an Techniken des Zuhörens heranzuführen, sollten Sie das Thema zum Gegenstand einer Unterrichtsreihe machen, die Sie über fünf bis zehn Tage durchführen. Während dieser Zeit beschäftigen sich die Schüler mit unterschiedlichen Materialien (z.B. unterschiedliche Textsorten) und trainieren und verbessern ihre Hörgewohnheiten. In der verbleibenden Zeit des Schuljahres sollte das Thema dann aber immer wieder in die Unterrichtsplanung integriert werden, z.B. in Form von Auffrischübungen und Diskussionen.

... für ein Arbeitsblatt

Es soll den Schülern helfen, darüber nachzudenken, wie sie zuhören.

Was passiert alles, wenn ich zuhöre?

Höre dir aufmerksam an, was dein Lehrer dir vorliest oder vorspielt und beantworte dann die unten stehenden Fragen.

1. Hattest du deine Augen geschlossen oder geöffnet?

_____

2. Hast du dir etwas vorgestellt, während du zugehört hast
(etwa ein Bild oder Geräusche aus der Geschichte)?
Schreib auf, was du dir vorgestellt hast.

_____

3. Hast du leise einzelne Wörter oder Wortgruppen wiederholt,
während du zugehört hast?

_____

4. Hast du dir vorgestellt, eine der Personen aus der Geschichte zu sein?

_____

5. Was ist sonst noch in deinem Kopf vorgegangen?
Hat es dir beim Hören und Verstehen der Geschichte geholfen?

_____

6. Was hat dich vom aufmerksamen Zuhören abgelenkt?

_____

Kapitel 5

Verschiedene Arten des Zuhörens

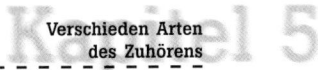
Verschiedene Arten des Zuhörens

Je nach Situation muss die Zuhör-Strategie verändert werden – das gilt sogar für die verschiedenen Arten des lernorientierten Zuhörens. Sie können das anhand Ihrer eigenen Erfahrungen mit so simplen Fragen wie *„Mache ich mir Notizen oder nicht?"*, *„Halte ich meine Augen geöffnet oder geschlossen?"* oder *„Skizziere ich beim Zuhören?"* überprüfen. Viele Leute variieren diese Gewohnheiten je nachdem, welches Ziel sie beim Zuhören verfolgen.

Die Schüler sollten sich 1–2 Wochen lang ausführlich mit einer Reihe unterschiedlicher Texte beschäftigen. Die Weiterentwicklung von Zuhör-Strategien wird nur gefördert und verbessert, wenn man kontinuierlich daran arbeitet. Dabei müssen Sie deutlich machen, dass es immer mehrere Möglichkeiten gibt, seine Zuhörfähigkeiten zu verbessern. Hier sind einige Vorschläge für Textsorten, die sie mit Ihren Schülern bearbeiten können:

Narrative Texte

Diese Form wird den meisten Schülern bekannt sein.

- **Sagen**
- **Balladen** (auch gesungene)
- **Kurzgeschichten**
- **Biblische Geschichten** (z.B. Parabeln)
- **Reale Abenteuergeschichten**
  (z.B. biographische oder autobiographische Auszüge)
- **Historische Fiktion** *(siehe Beispiel auf Seite 55)*

Textbeispiel

... für einen narrativen Text

Wörter zum Anfassen

Viele sagen, Paris sei die schönste Stadt der Welt. Ich weiß nicht, ob das stimmt. Dabei wohne ich schon mein ganzes Leben lang hier. Ich bin nämlich blind. Doch vor vielen Jahren wurde ich Zeuge eines bedeutenden historischen Ereignisses.

1819 lebte ich in einem Heim für blinde Kinder. In der damaligen Zeit waren viele blinde Kinder Bettler. Das Heim war einer der wenigen Orte, an denen blinde Kinder überhaupt Schulunterricht bekamen. Doch selbst dort gab es nur drei Bücher in der Bibliothek. Diese Bücher waren mit hervorstehenden Buchstaben geschrieben und schwer zu lesen.

Eines Tages wurde ein Junge namens Louis Braille ins Heim aufgenommen. Er hatte sein Augenlicht bei einem Unfall verloren. Doch er sagte zu mir: *„Ich habe großes Glück. Mein Vater glaubte, dass ich trotzdem etwas lernen könnte und bestand darauf, dass ich unsere Dorfschule besuchte. Nun hat er mich hierher geschickt, damit ich noch mehr lerne."*

Louis und ich sprachen oft über aktuelle Ereignisse. Am liebsten unterhielten wir uns über Napoleon, der kurz zuvor die Schlacht von Waterloo verloren hatte und auf der Insel St. Helena im Exil lebte. Oft analysierten wir gemeinsam die Strategien des Generals.

Wir wussten damals noch nicht, dass ein Soldat namens Charles Barbier einen Code erfunden hatte, mit dem man bei Nacht Nachrichten versenden konnte. Der Code bestand aus hervorstehenden Punkten und Strichen. Barbier glaubte, dieser Code könnte für blinde Menschen nützlich sein und er brachte ihn an unsere Schule. Das System war sehr komplex. Ich sagte zu Louis: *„Das ist schlimmer als zu versuchen, eins der Bücher mit diesen hervorgehobenen Buchstaben zu lesen."*

Louis antwortete: *„Es ist ja nur ein Anfang. Man kann es verbessern, so dass blinde Menschen genauso gut lesen können wie jeder andere."*

„Und wer wird den Code verbessern?", fragte ich.

„Ich", sagte Louis. Damit fing alles an. Wochenlang experimentierte er mit dem Code. Es gab viele Fehlschläge. Aber schließlich schuf er ein einfaches System. Es bestand aus Kombinationen von sechs Punkten, mit denen man alle Buchstaben des Alphabets und auch Satzzeichen, Zahlen und arithmetische Zeichen darstellen konnte.

Die blinden Schüler, die Louis' System ausprobierten, waren begeistert. Louis passte seine Methode auch dem Notensystem in der Musik an und wurde bald für seine Orgelkonzerte bewundert.

Leider bestand die Regierung auf dem alten System und lehnte das von Louis ab. Erst nach seinem Tod lernte die Menschheit diese bedeutsame Erfindung zu schätzen, die man nach ihm benannte. Man nennt sie die Brailleschrift (die heutige Blindenschrift).

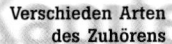
Deskriptive Texte

Diese Form wird den meisten Schülern
weniger bekannt sein.

▸ **Berichte**

▸ **Anleitungen**

▸ **Beschreibungen** (von Orten, Ereignissen, Menschen)

... für einen deskriptiven Text

*Text-
beispiel*

Kein Fahrrad wie alle anderen

Wenn dein Fahrrad lebendig wäre, würde es sich vielleicht so beschreiben:

Bei gutem Wetter stehe ich tagsüber meistens im Fahrradkeller der Schule. Und obwohl dort noch ungefähr zweihundert andere Räder stehen, bin ich leicht zu finden. Man muss nur wissen, wie ich aussehe.

Wie die meisten anderen Fahrräder habe ich schmale Reifen, nur dass meine immer fast platt sind. Mein Besitzer (ich werde euch nicht verraten, wie er heißt) vergisst nämlich ständig, sie aufzupumpen. Wenn wir zusammen herumfahren, ruft ihm manchmal jemand zu: *„He, du hast einen Platten!"* Ich persönlich sage nie etwas dazu – warum auch?

Meinem Besitzer macht es nichts aus, mit platten Reifen herumzufahren, denn er hat sich extra einen besonders weichen Sattel aus Schaumgummi gekauft.

Hinten hat er ein Licht und einen großen Reflektor angebracht, damit uns die Autofahrer besser sehen können.

Manchmal ist es nämlich schon dunkel, wenn wir nach Hause fahren. Auch einige andere Räder sind so ausgerüstet. Aber ich bin das einzige Rad mit einer Klingel und einer Hupe, die beide schön laut sind. Eigentlich bräuchte ich nur eins davon, aber mein Besitzer mag eben beides: Klingeln und Hupen.

Mir gefällt allerdings gar nicht, dass mein Rahmen immer ganz schmutzig ist. Ich bin schon so lange nicht mehr geputzt worden, dass man meine schönen roten Streifen nicht mehr sieht. Ich bin das schmutzigste Rad im ganzen Fahrradkeller. Nur wenn es regnet, werde ich ein bisschen sauberer.

Mein Besitzer trocknet mich auch nicht ab, wenn wir durch den Regen gefahren sind. Deshalb sind einige meiner Metallteile schon ziemlich rostig. Vermutlich würde er mich sogar im Regen draußen stehen lassen. Aber zum Glück bestehen seine Eltern darauf, dass er mich in die warme, trockene Garage bringt.

Argumentative Texte

Diese Textart ist etwas schwieriger, da die Schüler eine Argumentation
nachvollziehen müssen und deshalb konzentriert mitdenken müssen.

» **ein Leserbrief**

» **eine schriftliche Beschwerde**

» **Beweisführung**   » **Erörterung**

**Text-
beispiel**

... für einen
argumentativen Text

Fernsehen ist Zeitverschwendung

Bei einigen Fernsehsendungen lohnt es sich,
sie anzusehen. Aber die meisten sind nutz-
los, denn sie regen nicht zum Nachdenken
an und enthalten nichts, woran man sich
später erinnert. Stattdessen versetzen sie uns
in eine Art Betäubungszustand. Nur bei der
Werbung wird man aufgeweckt und dazu
verleitet, ein Produkt zu kaufen, das man
nicht braucht.

Vielleicht findet ihr es ja in Ordnung, wie
betäubt zu sein. Oder vielleicht findet ihr
es entspannend. Das ist es zwar, aber dafür
haben wir eigentlich den Schlaf. Jede Nacht
haben wir etwa acht Stunden zum Schlafen
und Träumen. Mehr als das braucht man
wirklich nicht.

Falls ihr mir zustimmt, fragt ihr euch vielleicht, was ihr mit all der freien Zeit anfangen sollt, wenn ihr nicht mehr fernseht.
Es gibt alle möglichen Aktivitäten, die euch
interessieren könnten, sie werden nur nicht
im Fernsehen gezeigt. Ich werde euch also
ein paar aufzählen, um euch auf die Sprünge
zu helfen.

Statt im Fernsehsessel zu sitzen, könntet ihr
lernen, ein Instrument zu spielen. Ihr könntet eure sportlichen Fähigkeiten trainieren,
einer Arbeit nachgehen, ein Teleskop bauen,
ein neues Produkt erfinden oder einfach
Freunde treffen.

Wenn ihr täglich eine Stunde mit Zeichnen
verbringen würdet, könntet ihr in ein oder
zwei Jahren eine Fähigkeit erwerben, die
euch eine Menge Spaß bereitet. Vielleicht
könntet ihr sogar Geld damit verdienen,
Bilder für andere Leute zu malen. Und wenn
ihr jeden Tag Fußball spielt, seid ihr vielleicht
irgendwann Stars.

Es gibt gar nicht genug Papier, um alle inte-
ressanten Fähigkeiten aufzuschreiben, die ihr
erlernen könntet, wenn ihr euch die Zeit
dafür nehmen würdet. Und ihr hättet die
Zeit, wenn ihr sie nicht mit fernsehen ver-
geuden würdet.

Auf Seite 51 finden Sie ein Beispiel-Arbeitsblatt, mit dem die Schüler ihr Verhalten beim Zuhören selbst bewerten können. Auf diese Weise wird den Schülern schnell bewusst, was ihnen das aufmerksame Zuhören erleichtert. Sie bewerten es in der Regel positiv, auf verschiedene Arten aufmerksam sein zu können. Sie können die Schüler auch nach mündlichen Anweisungen zeichnen lassen (s. Beispiel unten, Oxytroll).

Eine weitere hilfreiche Übung ist, Schülern eine Geschichte vorzulesen und ihnen dann Illustrationen zu geben, die sie der Geschichte zuordnen sollen (s. Beispiel auf Seite 60).

Beispiele für Hörübungen:

Zuhören und Malen

Lesen Sie den Schülern Anweisungen vor, nach denen sie etwas malen oder zeichnen sollen. In der Regel haben die Schüler Spaß am Zeichnen und können es kaum erwarten, ihre eigenen „Kunstwerke" mit denen ihrer Mitschüler zu vergleichen. Hier zwei Beispiele:

Beispiel 1: Oxytroll

Hör aufmerksam zu und zeichne dann den Oxytroll nach den Anweisungen. Sie werden dir einmal im Ganzen vorgelesen, dann noch ein zweites Mal Stück für Stück und etwas langsamer.

1. Der Oxytroll ist ein Wesen vom Planeten Oxygon.
2. Der Körper des Oxytrolls ähnelt dem Körper eines Frosches.
3. Auf dem Kopf hat der Oxytroll eine Art Antenne mit einem Auge.
4. Seine krakenartigen Arme befinden sich in der Mitte des Körpers.

5. Der Körper des Oxytrolls ist gepunktet.

6. Die Beine des Oxytrolls sind kurz und dick.

7. Am Ende der Beine hat der Oxytroll pfotenartige Füße.

8. An den Füßen hat er lange, spitze Krallen.

9. Der Oxytroll hat einen Schwanz, der am Ende aussieht
   wie ein Schraubenschlüssel.

10. Er steht in einer kraterartigen Landschaft.

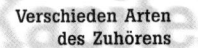
> ## Beispiel 2: Einer Geschichte Bilder zuordnen

▢ Wählen Sie eine passende Erzählung aus,
z.B. eine Kurzgeschichte, Ballade, Sage ...

▢ Fassen Sie die wichtigsten Ereignisse der Erzählung
in etwa zwölf Aussagen zusammen.

▢ Zeichnen Sie zu jeder der 12 Aussagen eine Illustration
oder wählen Sie einen talentierten Schüler,
der das Malen für Sie übernimmt.

▢ Fotokopieren Sie die Illustrationen für alle Schüler.
Nun lesen Sie die Erzählung laut vor und bitten die Schüler,
die Illustrationen in die richtige Reihenfolge zu bringen.

Kapitel 6

Die Qualität des Zuhörens verbessern

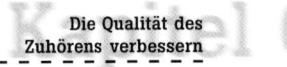
Die Qualität des Zuhörens verbessern

Für einige Schüler werden die Erfolge, die sie bei den gezielten Hörübungen erlangen, möglicherweise eine Überraschung und eine Belohnung sein. Schüler, die bislang am Unterricht wenig Anteil nahmen und sich bei den **Hörübungen** bewusst auf diese Fähigkeit konzentrieren, werden ganz neue Seiten an sich kennen lernen. **Unterstreichen Sie die Erfolge Ihrer Schüler:** Führen Sie eine Liste, in die Sie die Fortschritte der Schüler beim Zuhören eintragen. So können die Schüler ihre Fortschritte auch selbst verfolgen. Diese Liste kann Ihnen dann auch bei Bedarf Informationen liefern.

Am Anfang denken die Schüler bewusst darüber nach, was ihnen das aufmerksame Zuhören in bestimmten Situationen erleichtert und wenden diese Techniken gezielt an. Das führt schnell zu Fortschritten. Nach einiger Zeit wird diese anfängliche Verbesserung jedoch abschwächen oder sich sogar ins Gegenteil umwandeln, zum Beispiel wenn Schüler im Alltag in ihre alte Verhaltensweise zurückfallen und sich nicht mehr aktiv um Aufmerksamkeit bemühen.

Um die Zuhörfähigkeiten der Schüler weiter zu verbessern, müssen Sie ihnen nun neue Wege des Zuhörens und des Lernens aufzeigen. Die Verbindungen zwischen Zuhören und Lernen werden nun noch verwobener. An dieser Stelle setzen wir voraus, dass die Schüler Folgendes bereits gelernt haben:

- 🔳 **wie man sich konzentriert.**
- 🔳 **wie man sich <u>nicht</u> ablenken lässt.**
- 🔳 **wie man sein Wissen über die Struktur und Art von Texten für das Zuhören nutzt.**

🔲 wie man einschätzt, was in einem Text oder Vortrag folgen könnte.

🔲 wie man wichtige Überlegungen zusammenfasst.

Natürlich müssen all diese Fähigkeiten weiterhin gefördert werden, aber sie sind nun nicht mehr Schwerpunkt des Unterrichts. Im Folgenden befassen wir uns mit dem Lernprozess und vermitteln den Schülern, wie sie neu **Gehörtes mit ihrem Vorwissen verknüpfen** können.

Im **ersten Schritt** dieses Prozesses wird das Zuhören vorbereitet (siehe Seite 64–66). Der **zweite Schritt** findet während des Zuhörens statt (siehe Seite 68–72). Der **dritte Schritt** ist die Integration des neuen Wissens in das Vorwissen und findet vor, während und nach dem Zuhören statt (siehe Seite 70–74). Nehmen Sie sich Zeit, wenn Sie den Schülern dieses Grundgerüst erklären, damit sie es auch verstehen.

Eine hilfreiche Analogie bietet dabei wieder das **Bild des Mosaiks**: Jede neue Information, die die Schüler hören, ist ein weiterer Mosaikstein in einem Bild, das sie seit ihrer Geburt in ihrem Kopf aufbauen. Sie haben die meisten Steine bereits in ihrem Mosaik platziert, bevor sie auch nur in die Nähe einer Schule kommen. Wenn Sie ihnen dann Mosaiksteine präsentieren, die nicht in ihr Bild passen, werden diese neuen Steine nicht angenommen.

Bevor die Schüler etwas zu einem Thema hören, müssen sie wissen, wie sie ihr **Vorwissen aktivieren**. Bis jetzt haben Sie sie dabei immer unterstützt: Sie haben den Schülern zum Beispiel mit Schlüsselfragen an einen Text geholfen. Nun müssen die Schüler diese Aufgaben selbst übernehmen.

Einen neuen Text hören

Lassen Sie die Schüler diese Übung zu Beginn schriftlich ausführen, damit ihnen ganz deutlich wird, worauf es ankommt. Mit der Zeit sollte diese Übung ein natürlicher Bestandteil ihres Denkprozesses werden. Wenn die Schüler ihre Gedanken aufschreiben oder illustrieren, können Sie auch beobachten, ob und wie sie mit einer Methode zurechtkommen. Am Anfang werden die Schüler dazu neigen, immer die gleiche Art von Fragen zu verwenden. **Ermutigen Sie sie, ihre eigene Methode zu finden.** Geben Sie den Schülern ausreichend Zeit zum Antworten. Sie können dabei auch Musik im Hintergrund laufen lassen. Der in diesem Beispiel als **Hörübung** dienende Text hat das Thema „Das Saxophon":

Das Saxophon

Text-beispiel

Obwohl das Saxophon aus Messing besteht und nicht aus Holz, gehört es zu den Holzbläsern. Weitere Holzbläser sind zum Beispiel die Oboe oder die Klarinette.

Man sagt, dass von diesen Instrumenten das Saxophon dasjenige ist, das am leichtesten zu spielen ist.

Um mit einer Klarinette oder einer Oboe Töne zu erzeugen, hält der Musiker die Schalllöcher mit seinen Fingern zu. Die Finger müssen die Löcher genau bedecken, damit die richtigen Töne erklingen. Beim Saxophon ist das anders. Um Töne zu erzeugen, drückt der Saxophonist Tasten, die mit Klappen verbunden sind. Die Klappen passen genau auf die Löcher des Instruments. Der Musiker muss also die Öffnungen nicht exakt zudecken.

Als Antoine Sax in den 1840ern das Saxophon erfand, ging es ihm natürlich nicht darum, dass das Instrument leicht zu spielen ist. Er wollte einfach nur neue Klänge erzeugen. Er dachte damals, dass das Saxophon in Marschkapellen benutzt werden würde, die gerade im Kommen waren. Er konnte ja nicht ahnen, dass das Saxophon eines Tages ein wichtiges Instrument werden würde. Jazz war nämliche eine Musikrichtung, die aus New Orleans stammt und erst aufkam, nachdem Sax gestorben war.

Beispiel-Fragen

‣ Zu welcher Gruppe von Instrumenten gehört das Saxophon?

‣ Was ist der Unterschied zwischen einer Klarinette
und einem Saxophon?

‣ Welches Ziel hatte Antoine Sax, als er das Saxophon erfand?

Sobald die Schüler mit dieser Art von Vorbereitung etwas vertrauter sind,
können Sie die Fragen allgemeiner formulieren und den Schülern mehr
Zeit für ein **Brainstorming** geben. Eine allgemeine Frage zum gleichen
Thema könnte zum Beispiel lauten:

‣ Welche Blasinstrumente kennst du? Notiere sie.

Wenn die Schüler mehr Übung
haben, können sie sich eigene
Fragen zum Thema des Textes
überlegen. Sie können diese
Fragen notieren und dann
schriftlich beantworten. Auf
diese Weise trainieren sie eigen-
ständig konzentriertes und aufmerksames Arbeiten.

In einem letzten Schritt sollten Sie die Schüler
auffordern, ihre Fragen und Antworten an einen
Text oder ein Thema nur im Kopf zu formulieren.
Wer lieber alles schriftlich machen möchte, kann
das natürlich nach wie vor tun.

Achtung Testergebnisse

Die Schüler können ihre Fortschritte mit Hilfe von **Hörverständnis-Tests** selbst überprüfen. Achten Sie beim Entwurf solcher Tests aber darauf, die Tests nicht jedes Mal schwieriger zu gestalten. Man gerät schnell in Versuchung, den Schülern mehr abzuverlangen, als sie eigentlich beim Stand der Dinge leisten können. Schließlich profitiert man als Pädagoge nicht zuletzt auch selbst von den Lernfortschritten der Schüler in diesem Bereich. Vergleichen Sie die Ergebnisse der Schüler auch nicht miteinander, sondern halten sie deren **individuelle Lernerfolge** fest. Schließlich hat jeder Schüler unterschiedliche Lernvoraussetzungen und entwickelt seine eigenen Methoden beim Zuhören.

Auf diese Tests werden wir in Kapitel 10 (s. S. 91) zum Thema „**Aufmerksamkeit bewerten**" noch einmal näher eingehen.

Kapitel 7

Aufmerksamkeit während des Zuhörens

Aufmerksamkeit während des Zuhörens

In den vorherigen Kapiteln haben wir Ihnen Methoden vorgestellt, mit denen Sie die Aufmerksamkeit Ihrer Schüler in Bezug auf bestimmte Aufgaben erlangen und ihnen helfen, diese Aufgaben konzentriert und aufmerksam zu bewältigen.

In diesem Kapitel werden wir uns damit beschäftigen, wie Sie Ihren Schülern Strategien vermitteln, die sie während des Zuhörens anwenden können. Der Schwerpunkt dieses Kapitels ist die **Verarbeitung von Informationen** durch die Schüler, genau in dem Moment, in dem sie die Informationen erhalten. Auf den Seiten 69–72 werden wir auf folgende Strategien näher eingehen:

1. **Vorbereitete Fragen beantworten**
2. **Schlüsselinformationen notieren**
3. **Schlüsselwörter notieren**
4. **Vorstellungsvermögen**
5. **Hineinversetzen in eine Figur**
6. **Gehörtes mit Vorwissen verknüpfen**

Diese Liste ist nicht vollständig; sie soll lediglich als Ausgangspunkt und Anregung dienen. Jede dieser Methoden sollte für sich vermittelt und trainiert werden. **Ermutigen Sie die Schüler, unterschiedliche und auch neue Methoden auszuprobieren** und aufzuschreiben, wie gut sie funktioniert haben. Bei Bedarf sollten Sie Ihren Schülern Unterstützung und Hilfe anbieten.

1. Vorbereitete Fragen beantworten

Dieser Schritt bezieht sich auf die Übung, die auf den Seiten 64 und 65 vorgestellt wurde. Die vorbereiteten Fragen der Schüler können entweder allgemein sein, wie in den dort gezeigten Beispielen, oder sich auf ganz spezielle Aspekte eines Themas beziehen. Welche Fragen die Schüler formulieren hängt davon ab, wie viel Vorwissen sie zu einem speziellen Thema haben.

Überprüfen Sie die Fragen der Schüler, bevor Sie in ein Thema einsteigen. Wenn die Schüler Fragen formuliert haben, die vom Thema abweichen, dann wird ihre Aufmerksamkeit aller Voraussicht nach nur sehr gering sein, da sie im weiteren Verlauf keine Antworten auf ihre Fragen bekommen werden.

2. Schlüsselinformationen notieren

Viele Schüler werden hierfür die Unterstützung des Lehrers und eine Menge Übung brauchen. Hier wird eine Art des Zuhörens trainiert, bei der die Schüler nicht nur Antworten auf Fragen suchen. Im Umgang mit komplexeren Texten und Sachverhalten kann diese Methode aber sehr wertvoll sein.

Bei der Arbeit mit Texten sollte jeder Schüler ein allgemeines Wissen über die Struktur der jeweiligen Textsorte haben. Wenn dem nicht so ist, können Arbeitsgruppen gebildet werden. In jeder Gruppe sollte aber mindestens ein Schüler sein, der die Grundstruktur der Textsorte versteht. Arbeiten Sie zu Beginn mit deutlich strukturierten Texten, wie z.B. mit Erzählungen oder Beschreibungen, in denen die einzelnen Textabschnitte klar unterteilt sind (durch Absätze oder Aufzählungszeichen).

Bei komplexeren Texten sollten die Schüler mit Bleistift mögliche Unterthemen notieren und sich darauf einstellen, diese bei der Arbeit mit dem Text zu überarbeiten. Genau diese **Flexibilität** macht diese Methode zu einer weit besseren Aufmerksamkeitshilfe als das einfache Beantworten vorbereiteter Fragen.

Wenn es um das Erfassen von Aufgaben und Anweisungen im Unterricht geht, können sich die Schüler vor der Bearbeitung und der eigentlichen Arbeit in Stichpunkten Gedanken und Ideen zum betreffenden Thema notieren. Auf diese Weise trainieren sie, sich vor Beginn einer Aufgabe zu konzentrieren und den Blick voll und ganz auf ein Thema zu richten. Die Aufmerksamkeit der Schüler ist in dem Fall eher gewährleistet, da sie sich im weiteren Verlauf ihrer Arbeit auf ihre Notizen stützen können.

3. Schlüsselwörter notieren

Hierbei handelt es sich um eine Kombination aus **Punkt 1** und **Punkt 2**. Schüler brauchen ausreichend Vorwissen, um zu erkennen, bei welchen Wörtern es sich um Schlüsselwörter handelt. Im Zweifelsfall sollten sie aber auf jeden Fall immer alle ihnen **relevant erscheinenden Begriffe** notieren. Um ihnen die Auswahl der Schlüsselwörter etwas zu erleichtern, können Sie die Anzahl der zu notierenden Schlüsselwörter vorgeben. So müssen die Schüler eine gezielte Auswahl treffen.

Auch diese Technik verlangt eine ausgiebige Nachbereitung, da die Zusammenhänge zwischen den Schlüsselwörtern oft nicht deutlich notiert werden. Allerdings kann diese Nachbereitung sehr spontan im Plenum oder in Kleingruppen stattfinden. Diese Methode kann für die Schüler sehr hilfreich sein, sobald ein neues Thema behandelt wird.

4. Vorstellungsvermögen

Alle Schüler sollten ermutigt werden, diese Methode zumindest einmal auszuprobieren. Die Schüler sollten hierbei nichts notieren, da dies den Gedankenfluss hemmt, sondern versuchen, sich die **Ereignisse der Textpassage** vorzustellen. Sie sehen die Szenen wie ein unbeteiligter Beobachter. Auf diese Weise werden sie in das Geschehen mit einbezogen und können sich besser auf die dargestellten Inhalte konzentrieren.

Diese Form des Zuhörens kann zu einem **ganzheitlichen Verständnis des Textes** führen, verlangt jedoch oft eine intensive Nacharbeit nach der eigentlichen Hörphase. Mit gezielten Fragen zum Inhalt kann jeder Schüler seine persönlichen Gedanken mit dem Inhalt abgleichen.

5. Hineinversetzen in eine Figur

Besonders kinästhetische Lerner profitieren von dieser Methode. Um sich von den Möglichkeiten dieser Methode zu überzeugen, müssen Sie nur an Kinder denken, die ihre Helden aus dem Fernsehen imitieren und sich auf diese Weise voll und ganz in eine Handlung hineinbegeben. Es reicht aber auch schon, sich selbst beim Lesen zu beobachten: Oft taucht man ganz in die **Gedankenwelt fiktiver Figuren** ab und versetzt sich dabei in ihre Lage. Diese Methode kann man sich auch beim Lernen zunutze machen.

Die Schüler können sich eine Figur aussuchen. Sie sollen nun versuchen, sich alle Ereignisse aus der Sicht dieser direkt am Geschehen beteiligten Figur vorzustellen. Dabei dürfen sie ihrer **Fantasie** freien Lauf lassen. Auch hier wird es schwer sein, etwas schriftlich festzuhalten. Es kann jedoch zu einem ganzheitlicheren Verständnis eines Textes verhelfen. Wenn Detailwissen erforderlich ist, muss dafür nachgearbeitet werden. Wenn es jedoch Ziel einer Aufgabe ist, einen allgemeinen Eindruck zu bekommen, dann kann diese Technik eine sehr hilfreiche Strategie sein.

6. Gehörtes mit Vorwissen verknüpfen

Neue Inhalte mit dem eigenen Vorwissen zu verknüpfen, ist das Ziel aller Methoden. Es gibt verschiedene Arten, darauf hinzuarbeiten: Hierzu können die Schüler beispielsweise Schlüsselwörter oder Ideen aus dem Text auflisten und sich dazu eigene Assoziationen notieren.

Wichtig dabei ist, dass die **Verknüpfung von Vorwissen und neuen Inhalten** in einem größeren Plenum stattfindet. Die Schüler können sich dazu in Kleingruppen austauschen und die Ergebnisse dann gegebenenfalls im Klassenverband diskutieren.

Kapitel 8

Informationen verarbeiten und organisieren

Informationen verarbeiten und organisieren

Die Schüler haben Informationen erhalten und sie (teilweise) verarbeitet. Trotzdem haben sie oft noch viele Fragen. Nur sehr wenige Schüler werden neue Informationen vollständig mit ihrem Vorwissen verknüpft haben. Ein wichtiger Bestandteil des Lernprozesses ist auch das, was **nach der Informationsaufnahme** passiert.

1. Kontrolle des Gehörten

Sie können das Hörverständnis auf verschiedene Weise überprüfen.
Nehmen Sie sich aber Zeit dafür. Hier sind einige Vorschläge:

 Partnerdiskussion

Die Schüler diskutieren in Zweiergruppen Fragen wie *„Was war der*
Grundgedanke?", *„Wie wurde er er-*
klärt?", *„Gibt es etwas, das ich immer*
noch nicht verstehe?" oder Fragen, die
(vom Lehrer) speziell für den Text formuliert wurden.

 Gruppendiskussion

Hier diskutieren mehrere Schüler
anhand von Leitfragen wie die oben
genannten die neuen Lerninhalte.
Achten Sie darauf, dass nie mehr als
vier bis fünf Schüler in einer Gruppe
sind, da die Arbeit sonst unproduktiv
wird.

 Erstellung eines Posters, Mind Maps®* o.Ä.
in der Gruppe oder individuell

Eine Gruppenarbeit verlangt Diskussionen, deshalb sollten die
Gruppen auch hier klein sein. Bei Einzelarbeit sollten die Schüler
durch den Lehrer bei Bedarf unterstützt werden, zum Beispiel
durch eine vom Lehrer vorbereitete Mind-Map®* mit Lücken,
die der Schüler dann ausfüllen muss.

---

* *Mit freundlicher Genehmigung*
des Buzan Centre Austria.

Einzelarbeit

Diese Sozialform ist besonders hilfreich, wenn Schüler sehr unterschiedliche Meinungen zu einem Thema haben und ihr Lernen selbst kontrollieren möchten. Wie ein Schüler seine Gedanken notiert, sollte ihm selbst überlassen sein. Sie können natürlich Leitfragen vorgeben, an denen sich die Schüler orientieren können. Auf dieses individuelle Arbeiten kann eine Partner- oder Gruppendiskussion folgen.

 ### Diskussion im Plenum

Diese kann vom Lehrer so gelenkt werden, dass er überprüfen kann, ob die Schüler die wichtigsten Inhalte des (neuen) Themas verstanden haben.

In welcher Form die Erarbeitung neuer Themen auch geschieht, die **Verknüpfung von neuem und altem Wissen ist ein langfristiger Prozess.** Neue Inhalte müssen innerhalb der folgenden Tage oder Wochen wiederholt und vertieft werden.

Dabei sollten Sie auf die unterschiedlichen Lernstile der Schüler eingehen.

2. Organisationspläne

Organisationspläne können helfen, die Unterrichtsinhalte eines Tages mit denen des nächsten zu verknüpfen und einen **allgemeinen Überblick über eine Unterrichtsreihe** zu geben. Es gibt zwei Grundformen von Organisationsplänen: eine für die gesamte Unterrichtsreihe und eine für jeden Tag. Organisationspläne helfen Schülern, Verbindungen zwischen Vorwissen und neuem Wissen zu erkennen und damit ihr Lernen besser zu organisieren. Damit Organisationspläne funktionieren, müssen sie folgenden Grundsätzen folgen:

▣ **Schüler müssen wissen, was sie gerade lernen und was ihnen dieses Wissen nützt.**

▣ **Schüler müssen erkennen können, was sie in den folgenden Unterrichtseinheiten erwartet.**

▣ **Die Organisationspläne sollten so strukturiert sein, dass Schüler ihren Lernweg darin nachvollziehen können.**

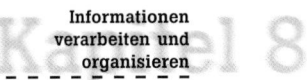
Organisationspläne in einer Unterrichtsreihe

Vorüberlegungen:

- Wählen Sie ein **Thema**, das Sie im Unterricht besprechen möchten.
- Listen Sie die wichtigsten Aspekte und Bereiche dieses Themas auf.
- Notieren Sie sich auch, welche **Schwierigkeiten** bei der Bearbeitung des Themas auftauchen könnten oder **Fragen**, die die Schüler in Bezug auf das Thema stellen könnten.

Durchführung:

Erstellen Sie mit Hilfe Ihrer Vorüberlegungen eine **Tabelle**, die Folgendes enthält:

- Titel oder Beschreibung der Reihe.
- Darin enthaltene **Unterthemen** als Themen der einzelnen Unterrichtseinheiten.
- Die **wichtigsten Inhalte**, die den Schülern vermittelt werden sollen. Leiten Sie ausgehend von diesen Überlegungen die Lernziele ab.

Überlegen Sie sich auch,

- aus welchem **Grund** die Bearbeitung des Themas speziell für Ihre Lerngruppe wichtig ist.
- welche **neuen Sachverhalte** und eventuell auch **Fachbegriffe** Ihre Schüler lernen sollen.
- welche **Methoden** und **Vorgehensweisen** sich zur Bearbeitung des Themas im Unterricht am besten eignen.

 ... für einen Organisationsplan

Thema: Zuhören

Aspekte

 Was ist Zuhören überhaupt?

 Wie funktioniert Zuhören? *(Physiologische Grundlagen)*

 Verschiedene Arten des Zuhörens

 Ein besserer Zuhörer werden

Lernziele

 Definitionen des Zuhörens erarbeiten

 Aufbau und Funktion des Ohrs kennen lernen
Einzelne Bestandteile des Ohrs benennen

 Beispiele für Zuhören nennen
Unterschiedliche Arten des Zuhörens herausarbeiten

 Eigene Zuhörgewohnheiten untersuchen
Zuhörverhalten von Mitschülern analysieren
Strategien und Methoden zur Verbesserung des eigenen
Zuhörens ausprobieren und trainieren

Wenn sie in der Klasse Organisationspläne einführen, erklären Sie Ihren Schülern, aus welchen Gründen Sie es tun. **Transparenz im Unterricht ist für das Lernen sehr wichtig**. Organisationspläne sind eng mit der Philosophie dieses Bandes verbunden: Die Schüler sollen mit ihrer Hilfe lernen, Verantwortung für ihr Lernen zu übernehmen. Sie sollen sich bewusst machen, wie sie dem Unterricht am besten folgen und lernen.

Hängen Sie den **Organisationsplan** jeden Tag an der gleichen Stelle auf und verweisen Sie immer bewusst darauf, wenn Sie erklären, was als Nächstes kommt. Steigen Sie aber nicht direkt in das Thema ein, wenn Sie die Organisationspläne erklären, sondern reißen Sie es nur kurz an. Die eigentliche Vermittlung und Bearbeitung eines Themas soll erst während des Unterrichts geschehen.

Organisationspläne tragen wesentlich dazu bei, dass Schüler dem Unterrichtsgeschehen aufmerksam folgen können. **Verweisen Sie immer auf den Plan, um einen Bezug zwischen dem Unterrichtsgeschehen (dem Ist-Zustand) und dem geplanten Verlauf (dem Soll-Zustand) herzustellen.** So stellen Sie sicher, dass Ihre Schüler stets wissen, an welcher Stelle innerhalb des Lernprozesses sie sich befinden.

Auf diese Weise wird Aufmerksamkeit als ein zentraler Aspekt des Lernens gesehen. Die Schüler bemerken, dass Zuhören die Voraussetzung für das Erreichen allgemeiner Lernziele ist.

Kapitel 9

Anderen zuhören

Anderen zuhören

Aufmerksamkeit ist nicht nur im Zusammenhang mit schulischem Lernen wichtig. Sie ist eine **wichtige soziale Kompetenz**, die in verschiedenen Lebenssituationen zum Tragen kommt. Anderen aufmerksam zuzuhören wird in der Schule jedoch meist in Verbindung mit bestimmten Lerninhalten trainiert. Die Fähigkeit in Gesprächen aufmerksam, d.h. aktiv zuzuhören, wird in aller Regel bereits als gegeben vorausgesetzt.

Die meisten Schüler weisen jedoch gerade in diesem Zusammenhang **erhebliche Kompetenzdefizite** auf. Jemanden ausreden zu lassen, ihm nicht ins Wort zu fallen und im Gespräch auf ihn einzugehen, fällt vielen Schülern sehr schwer. Dabei lässt sich **das aktive Zuhören**, d.h. seinem Gesprächspartner eine dem Gesprächsverlauf angemessene Reaktion zu zeigen und auf ihn einzugehen, durch verschiedene Übungen ganz einfach trainieren, z.B.:

▣ **Zeigen Sie den Schülern, wie man seinem Gesprächspartner mit nonverbalen Zeichen, wie Gesten und Gesichtsausdrücken, Emotionen und Reaktionen zeigen kann** (Interesse und fehlendes Interesse, Aufregung, Schüchternheit, Angst)**.**

▣ **Zeigen Sie Ihren Schülern, wie man seinem Gesprächspartner mit sprachlichen Mitteln deutlich macht, dass man ihm zuhört, z.B. Personen mit ihrem Namen ansprechen, Personen loben und ermutigen oder Aussagen wiederholen und bekräftigen.**

Dieses Kapitel geht zunächst darauf ein, wie man die Fähigkeit, anderen zuzuhören, bei Schülern erkennt und verbessert. Danach soll überlegt werden, wie man neue Techniken auf diesem Gebiet vermitteln kann.

Fähigkeiten erkennen und verbessern

Achten Sie bei Schülern verschiedener Nationalitäten zunächst auf die Besonderheiten der jeweiligen Kultur in Bezug auf ihre Art zu kommunizieren. Unterschiede müssen kein Hindernis sein, solange man sie erkennt und darüber spricht. **Jedem Schüler sollte klar sein, dass es nicht <u>den einen</u> richtigen Weg gibt, in Kommunikationssituationen aktiv zuzuhören.** Für die Auseinandersetzung mit kulturellen Unterschieden bietet das Thema „Körpersprache" reichlich Anknüpfungspunkte. Untersuchen Sie z.B. mit Ihren Schülern typische Gesten, die in verschiedenen Ländern üblich sind.

Im Folgenden finden Sie einige mögliche Schwerpunkte für eine Partner- oder Selbstanalyse mit dem **Schwerpunkt „aktives Zuhören"**. Teilen Sie den Schülern mit, was sie analysieren werden und geben Sie ihnen dann ein Gesprächsthema, das sie interessieren könnte und mit dem sie sich gerne beschäftigen. Untersuchen Sie ihr Gesprächsverhalten, während die Schüler miteinander sprechen. Dazu können Sie auch die Fragen auf Seite 84 nutzen. Sie können diese Analyse auch etwas formaler durchführen, z.B. mit der **Übung „Aquarium"**. Hierbei diskutiert eine Gruppe von drei bis vier Schülern miteinander und wird dabei von drei bis vier anderen Schülern beobachtet. Jedem Beobachter wird ein bestimmter Gesprächsteilnehmer zugewiesen. Die Beobachter kommentieren die Diskussion am Ende des Gesprächs. Dabei sollten sie so objektiv und konstruktiv wie möglich sein.

Vielleicht ziehen Sie es auch vor, weniger formal vorzugehen und jeden Schüler sich selbst einschätzen zu lassen. Die Mitschüler sollten hinterher die Selbsteinschätzungen kommentieren.

Wie mache ich deutlich, dass ich etwas sagen möchte?

Fragen für eine Selbsteinschätzung

Wenn ich mich mit jemandem unterhalte:
1. Was mache ich mit meinen Augen?
2. Was sage ich, um Verständnis oder Zustimmung zu signalisieren?
3. Was mache ich mit meinen Händen?
4. Wie mache ich deutlich, dass ich etwas sagen möchte?
5. Wie zeige ich, dass ich anderer Meinung bin?
6. Wie zeige ich, dass ich etwas nicht verstehe?

Nach dem ersten Schritt der Selbsteinschätzung können die Schüler sich im Plenum über die verschiedenen Methoden austauschen. **Das Feedback der Mitschüler ist in diesem Fall sehr wichtig.** Mit seiner Hilfe erkennen die Schüler, ob ihr Verhalten in Gesprächen adäquat ist oder ob sie verschiedene Verhaltensweisen überdenken sollten. Vorschläge für Arbeitsblätter zum Feedback finden Sie auf den Seiten 88/89.

Für eine **Feedbackübung** sollten sich die Schüler zunächst in Zweiergruppen zu einem bestimmten Thema unterhalten und gleichzeitig das Gesprächsverhalten ihres Gesprächspartners im Auge behalten. Im Anschluss an das Gespräch können die Schüler in einer Feedback-Runde auf dieses Verhalten eingehen:

▸▸ Hat man mich im Gespräch ausreden lassen oder
wurde ich ständig unterbrochen?
Habe ich meinen Gesprächspartner ausreden lassen?

▸▸ Konnte ich meinem Gesprächspartner meine Meinung
verständlich machen? Habe ich die Standpunkte
des anderen verstehen können?

▸▸ Habe ich mich im Gespräch wohl/unwohl gefühlt?
Woran lag das?

Durch eine fortlaufende **Partner- und Selbstevaluation der Schüler** werden sie ermutigt, sich selbst Ziele zu setzen und diese im Auge zu behalten. Auf diese Weise können sie später ihre eigenen Fortschritte selbst verfolgen. Die Ziele können sehr spezifisch ausgerichtet sein, wenn die Schüler versuchen, sich schlechte Gesprächsgewohnheiten abzugewöhnen, so z.B.:

▸▸ „Ich werde mich bemühen, den Sprecher nicht
zu unterbrechen."

▸▸ „Ich werde mich bemühen, die Meinung der anderen
zu akzeptieren."

▸▸ „Ich werde nicht mehr auf dem Stuhl zappeln,
wenn ich den anderen zuhöre."

▸▸ usw.

**Oder sie können allgemeiner und positiver formuliert sein,
wie z.B.:**

▸▸ „Der Sprecher soll an meinem Verhalten erkennen,
dass ich aufmerksam zugehört habe."

Die Schüler sollen sich ausgehend von der Rückmeldung ihrer Gesprächspartner **feste Ziele in Bezug auf das aktive Zuhören** setzen. Diese Ziele sollten sie in Abstimmung mit ihren Mitschülern für sich festlegen. Denn sie waren die Test-Gesprächspartner und können daher am ehesten beur-

teilen, ob bestimmte Verhaltensweisen im
Gespräch angemessen waren. Diese
Übung verlangt ein hohes Maß an
Vertrauen, aber die Schüler tra-
gen auch selbst Verantwortung
für ihren Lernprozess.

Neue Techniken vermitteln

Beim aktiven Zuhören braucht man eine ganze Reihe von Fähigkeiten.
Viele davon sind kulturspezifisch. Deshalb sollten Sie den Schülern nicht
einen richtigen Weg vorschreiben, sondern viele verschiedene Möglichkeiten vorstellen. In verschiedenen Kulturen gelten unterschiedliche Kommu-
nikations- und Verhaltensregeln. **Was in einer Kultur allgemein üblich ist,
kann in einer anderen als absoluter Regelverstoß auffallen.**

In einer multikulturellen Klasse hilft es den Schülern, über die verschiedenen **Verhaltensregeln und Bräuche der Kommunikation** zu diskutieren,
die ihre Gespräche regulieren. Schüler, die sich der unterschiedlichen
Kommunikationsregeln bewusst sind, haben einen klaren Vorteil gegenüber
denen, die diese Unterschiede nicht kennen. Sie können in Gesprächen
besser auf ihre Gesprächspartner eingehen und gegebenenfalls ihre Her-
kunft berücksichtigen.

Wie bestätigt ein Zuhörer einen Sprecher und wie erweist er ihm Respekt? Jede Gesellschaft, sogar jede Familie wird dabei ihre eigenen Methoden haben. Die Schüler müssen sich dieser Methoden erst bewusst werden. Außerdem müssen sie in der Lage sein, ihr eigenes Hörerverhalten an diese Verhältnisse anzupassen. Die Schüler könnten über einige der folgenden Fragen diskutieren:

Wie verändert sich mein Verhalten beim Zuhören, wenn ich mit
▸▸ meinen Eltern spreche.
▸▸ Personen, die älter sind als meine Eltern, spreche.
▸▸ meinen Freunden spreche.
▸▸ Personen, die jünger sind als meine Freunde, spreche.

Wenn die Schüler bemerken, dass sich ihr Verhalten je nach Gesprächspartner verändert (und das wird bei den meisten Schülern so sein), dann sollen sie versuchen, Antworten auf die folgenden Fragen zu finden:
▸▸ Wie nahe möchte ich dem Sprecher kommen?
▸▸ Schaue ich den Sprecher an, während er redet?
▸▸ Wie zeige ich, dass ich mit dem Sprecher einer Meinung bin?
▸▸ Wie ermuntere ich den Sprecher, weiterzureden?
▸▸ Wie zeige ich dem Sprecher, dass ich jetzt etwas sagen möchte?
▸▸ Wie ermutige ich eine schüchterne Person,
   etwas zum Gespräch beizutragen?
▸▸ Wie erkenne ich, ob andere gute Zuhörer und Gesprächspartner sind?

In verschiedenen Gesprächssituationen gibt es unterschiedliche unausgesprochene Regeln für das, was von den Gesprächspartnern erwartet wird. Wenn die Schüler über diese Regeln diskutieren und sie notieren, werden sie erkennen, was einen guten Zuhörer ausmacht. **Machen Sie den Schülern klar, dass es ein großer Vorteil ist, seine Zuhörstrategie an verschiedene Gruppen von Personen anpassen zu können.**

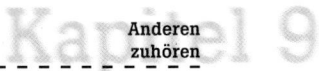
Die Schüler können die folgenden Fragen mit ihren Mitschülern diskutieren
und ihre Antworten notieren:

... für ein Arbeitsblatt

**1. Wie unterscheidet sich mein Gesprächsverhalten,
wenn ich mit**

- ◘ meinen Eltern spreche.
- ◘ Personen, die älter sind als meine Eltern, rede.
- ◘ meinen Freunden spreche.
- ◘ meinen Geschwistern rede.
- ◘ Personen, die jünger sind als meine Freunde, spreche.

**2. Wie beeinflussen die folgenden Faktoren die Art,
wie ich mich in Gesprächen verhalte?**

- ◘ das Gesprächsthema
- ◘ die Stimmung des Sprechers
- ◘ meine Stimmung
- ◘ was ich von dem Sprecher halte

Dazu gehört z.B.:

- ◘ die gegenwärtige Tätigkeit unterbrechen und dem Sprecher
  die volle Aufmerksamkeit schenken.
- ◘ die Häufigkeit der Augenkontakte, die man mit dem Sprecher hat.
- ◘ wie nah man beim Sprecher steht oder sitzt.
- ◘ die eigene Körpergröße im Vergleich zu der des Sprechers.
- ◘ ob man spricht oder wartet, zum Sprechen aufgefordert zu werden.
- ◘ wie man zeigt, dass man selbst etwas sagen möchte.

Beispiel

... für ein Arbeitsblatt

Beantworte die folgenden Fragen für dich und schreibe auch zu jeder
Frage auf, was du bisher bei anderen guten Zuhörern beobachtet hast.

1. Wie nahe möchte ich dem Sprecher kommen?

_____

_____

2. Wie zeige ich, dass ich mit dem Sprecher einer Meinung bin?

_____

_____

3. Wie ermuntere ich den Sprecher, weiterzureden?

_____

_____

4. Wie zeige ich, dass ich jetzt etwas sagen möchte?

_____

_____

**5. Wie ermutige ich eine schüchterne Person,
etwas zum Gespräch beizutragen?**

_____

_____

Kapitel 10

Aufmerksamkeit
bewerten

Aufmerksamkeit bewerten

Aufmerksamkeit zu bewerten ist nicht ganz einfach, da aufmerksames Zuhören **eine unsichtbare und schwer nachweisbare Tätigkeit ist.**
Je mehr wir uns bemühen, es zu bewerten, desto schwieriger wird es manchmal, da wir umso mehr Fakten und Einfluss nehmende Größen erkennen, die es bei einer Bewertung zu berücksichtigen gibt.

www.verlagruhr.de
© Verlag an der Ruhr

Warum Aufmerksamkeit bewerten?

Wenn wir keinen Grund für eine Bewertung sehen, dann verzichten wir in aller Regel darauf. Oft fallen dann eher sekundäre Fähigkeiten und Fertigkeiten unter den Tisch und gehen in keine Bewertung ein. **Aufmerksamkeit ist eine wichtige Grundvoraussetzung für das Lernen, ist aber selten Gegenstand einer gezielten Bewertung.** Im Folgenden werden einige Gründe für die Bewertung von Aufmerksamkeit aufgelistet:

- Das Verständnis der Schüler überprüfen.

- Die Lernstile der Schüler überprüfen.

- Die Unterrichtsplanung erleichtern.

- Die Wichtigkeit des Zuhörens unterstreichen (im Bewusstsein der Lehrer und der Schüler).

- Die Schüler zu effektivem Zuhören motivieren.

- Die Schüler auf das Leben nach der Schule vorbereiten. Zuhören ist eine wichtige Fähigkeit für Beruf und Alltag.

- Den eigenen Unterricht kritisch hinterfragen.

- Herausfinden, was gehört/verstanden/gespeichert wurde.

- Den Schülern Feedback und sichtbare Zeichen bei einem Fortschritt geben.

Wie bewertet man Aufmerksamkeit?

Seien Sie umsichtig und professionell. Stützen Sie Ihre Bewertung nicht auf
eine Übung. **Versuchen Sie, einige der folgenden Prinzipien bei Ihrer
Bewertung zu berücksichtigen:**

- Bewertungen sollten fortlaufend erfolgen und
  ein fester Bestandteil Ihres Unterrichts sein.

- Bewertungen sollten sich Lehr- und
  Stoffverteilungsplänen anpassen.

- Streben Sie eine Mischung aus Selbst-,
  Partner- und Lehrerbewertung an.

- Bewerten Sie anhand konkreter Unterrichts-
  situationen, z.B. die Art, Dinge vorzutragen,
  die Art der Wortmeldungen und Fragen,
  die Schüler an Sie richten etc.

- Konzentrieren Sie sich nicht nur auf
  die Bewertung von Aufmerksamkeit,
  sondern bewerten Sie auch immer
  im Zusammenhang mit anderen
  Fähigkeiten der Schüler.

- Versuchen Sie die Schüler durch Ihre Art
  der Bewertung stets zu motivieren.

**Im Folgenden gehen wir auf einige
dieser Prinzipien näher ein:**

1. Bewertungen – ein fester Bestandteil des Unterrichts

Natürlich gilt diese Maxime für alle Arten von Bewertungen, nicht nur für die, die sich auf das aufmerksame Zuhören beziehen. Was die Aufmerksamkeit betrifft, sollten Sie sich bewusst machen, dass es bei fast allen Unterrichtsaktivitäten von elementarer Bedeutung ist und daher nicht punktuell beurteilt werden kann. **Sie sollte daher auch stets in konkreten Lernsituationen beobachtet und bewertet werden.** Deshalb sollten Sie die Aufmerksamkeit Ihrer Schüler immer wieder in unterschiedlichen Lernsituationen unter die Lupe nehmen.

Die Evaluation sollte Einfluss auf Ihre Planung haben. Bewerten Sie hin und wieder auch die Aufmerksamkeit der ganzen Klasse oder einer Gruppe. Sie müssen nicht immer einzelne Schüler prüfen. Sehen Sie die Bewertung als einen **fortlaufenden Prozess** an und nicht als eine einmalige Kontrolle. Vermitteln Sie ihren Schülern auch die Fähigkeit der Selbstbewertung.

Die konkrete Bewertung sollte so lange andauern, bis Ihre Unterrichtsreihe abgeschlossen ist. **Darüber hinaus sollten Sie „Aufmerksamkeit" immer wieder als Teil sozialer Kompetenzen ihrer Schüler mitbewerten.** Ohne gute Zuhörfähigkeiten (sowohl im zwischenmenschlichen Bereich als auch im Schulalltag) werden Ihre Schüler ernste Schwierigkeiten haben, die Lernziele der Klasse zu erreichen. Wenn Sie ihnen gute Zuhörmethoden in unterschiedlichen (Lebens-) Situationen vermitteln wollen, ist es sinnvoll, die Fortschritte der Schüler beim Zuhören in unterschiedlichen Kontexten zu evaluieren.

Vermeiden Sie hektische und ungeplante Unterrichtseinheiten am Ende des Schuljahres, wie „Ich habe ja noch gar nichts zum Thema „Aufmerksamkeit trainieren" gemacht – dazu nehmen wir am besten noch schnell ein ganzes Kapitel durch!" oder „Ich habe für die Zeugnisse überhaupt keine Note für die Aufmerksamkeit, da machen wir am besten noch schnell einen Hörverständnistest!" Integrieren Sie das Aufmerksamkeitstraining in Ihren regulären Unterricht. Auf diese Weise stellen Sie sicher, dass Ihre Schüler für sich selbst Hörstrategien in unterschiedlichen Lernsituationen erproben und ihr Aufmerksamkeitsverhalten in unterschiedlichen Kontexten testen können.

2. Unterschiedliche Formen von Bewertungen

Eine ehrliche Selbsteinschätzung ist die beste Methode, um persönliche Erfolge festzuhalten. Geben Sie Ihren Schülern ausreichend Spielraum für solche Selbsteinschätzungen und weisen Sie sie auf Situationen hin, in denen sie ihre Fähigkeiten besonders unter Beweis stellen können. So erkennen die Schüler auch ganz genau, an welchen Bereichen sie noch arbeiten müssen, um ihre Zuhörfähigkeiten zu verbessern.

Gerade in Bezug auf soziale Kompetenzen und nicht wirklich abrufbare Fähigkeiten ist die Selbsteinschätzung schwierig. Deshalb benötigen die Schüler am Anfang auf jeden Fall Ihre Hilfe, um sich richtig einschätzen zu können.

Schaffen Sie eine Atmosphäre, die die Schüler ermutigt, Verantwortung für ihre Fortschritte beim Zuhören und für die Überprüfung dieser Fortschritte zu übernehmen. Wenn Sie die Schüler auffordern zu über-

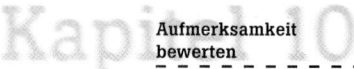
legen, was ihnen das Zuhören erleichtert bzw. erschwert hat, bewegen sie sich schon in Richtung Selbstevaluation. Diese Selbstevaluation ist der erste Schritt zur Aufmerksamkeitsverbesserung.

Das **Hörtagebuch** unterstützt Ihre Schüler bei ihrer Selbstbeobachtung. Sie können mit seiner Hilfe ihre Fortschritte jederzeit zurückverfolgen.

An Partnerevaluationen wird deutlich, wie wichtig ein gutes Klassenklima für das aufmerksame Zuhören ist. Denn erst wenn die Atmosphäre stimmt und sich die Schüler wohl und akzeptiert fühlen, können sie sich voll und ganz auf ihre persönlichen Lernfortschritte konzentrieren. Störender Hintergrundlärm, hänselnde Mitschüler und ein Gefühl des Nicht-akzeptiert-werdens hemmen jegliche Lernfortschritte. Die Partneranalyse ermutigt sowohl zur Aufmerksamkeit als auch zu freiem Sprechen.

In einer Zweiergruppe fühlen sich die Schüler eher akzeptiert und sicher und können sich in einem gewissen „Schonraum" beobachten. **Die Partnerevaluation ist ein wesentlicher Bestandteil effektiver Gruppenarbeit und wichtig für das gemeinschaftliche Lernen.** Sie sollte mit Selbstevaluation kombiniert werden und ist effektiver, wenn sie regelmäßig stattfindet und auf diese Weise nach und nach zur Selbstverständlichkeit wird. Trotzdem sollten Sie die Schüler gut anleiten. Sie müssen wissen, wen und was sie evaluieren sollen. Auf den Seiten 104–109 finden sich einige Kopiervorlagen für Partnerbewertungen zum Thema „aufmerksames Zuhören".

Ebenso wichtig ist aber auch eine Bewertung durch den Lehrer, weil sie die weitere Planung beeinflusst und eine Rückmeldung über die Effektivität der eigenen Strategien gibt. Sie sollten aber nicht davon ausgehen, dass eine Lehrerevaluation auf jeden Fall präziser ist als eine Selbst- oder Partnerevaluation. Wenn es einen deutlichen Widerspruch zwischen Lehrer-, Selbst- und Partnerevaluation gibt, sollten Sie nach den Gründen für diesen Widerspruch suchen.

Verlassen Sie sich nicht nur auf Ihr eigenes Urteil.
Gründe für einen solchen Widerspruch könnten sein:

▸▸ Das Verhalten des Schülers ändert sich, wenn der Lehrer anwesend ist.

▸▸ Der Schüler ist bei seinen Mitschülern beliebt bzw. unbeliebt.

▸▸ Die Aufmerksamkeitstests, die bewertet werden sollen, sind sehr unterschiedlich und der Schüler reagiert auf jede Übung entsprechend unterschiedlich.

▸▸ Der Schüler hat sich bei einer bestimmten Übung „ausgeklingt".

▸▸ Der Schüler kann sich schlecht selbst einschätzen, so dass seine Selbstevaluation unrealistisch ist (zu positiv/negativ).

▸▸ Der Schüler hat persönliche Probleme.

3. Bewerten Sie produktive Unterrichtsarbeit

Eine gültige Bewertung zeichnet sich dadurch aus, dass sie genau das misst, was wir messen wollen. Es ist für einen Lehrer aber unmöglich, die Aufmerksamkeit eines Schülers isoliert zu bewerten.

Wenn Sie die Aufmerksamkeit Ihrer Schüler bewerten, müssen Sie sich auf bestimmte Ergebnisse stützen. In einem solchen Fall bewerten Sie jedoch stets mehr als die bloße Aufmerksamkeit. Unterschiedliche Faktoren und Fähigkeiten der Schüler beeinflussen ihr Verhalten. **Geben Sie den Schülern daher die Gelegenheit, ihre Fähigkeiten dann zu zeigen, wenn es für sie am vorteilhaftesten ist.**

Wenn ein Schüler nicht besonders gut zeichnen kann, dann ist jede Bewertung seiner Lernfortschritte, die dadurch geprüft wird, dass er etwas illustrieren soll, nur eine weitere Bewertung seiner schlechten Malfähigkeiten.

Fähigkeiten, die zusammen mit Aufmerksamkeit bewerten werden:

▸▸ Lese-, Schreib- und Sprechfähigkeit

▸▸ Fähigkeit, Lernergebnisse zu präsentieren

▸▸ Merkfähigkeit

▸▸ logisches Denken

▸▸ Vorwissen zum Thema

▸▸ Ausdrucksvermögen

▸▸ Interesse am Thema

▸▸ Fähigkeit, unter Druck zu arbeiten

▸▸ Konzentrationsfähigkeit

▸▸ emotionale oder körperliche Verfassung

▸▸ Selbstakzeptanz und Akzeptanz in der Gruppe

Wenn Sie beabsichtigen, das aufmerksame Zuhören zu messen, sollten Sie den Schülern ermöglichen, ihre Ergebnisse mit Hilfe ihrer stärksten Präsentationsform zu zeigen. Das heißt, dass Sie den Schülern im Laufe eines Jahres verschiedene Arten von Präsentationsformen anbieten sollten und ihnen damit Gelegenheit geben, ihre Fähigkeiten in angemessener Weise unter Beweis zu stellen.

Machen Sie sich auch klar, dass wir im Hinblick auf die Aufmerksamkeit der Schüler vorsichtig bei der Interpretation der Ergebnisse sein müssen.

Vertrauen Sie Ihrem gesunden Menschenverstand. Beobachten Sie Ihre Schüler in verschiedenen (Lern-) Situationen und berücksichtigen Sie dabei ihre individuelle Lernausgangslage. Vermeiden Sie vorschnelle Urteile, wenn Schüler sich mal nicht so verhalten, wie Sie es von ihnen erwarten. **Unaufmerksamkeit kann viele unterschiedliche Gründe haben.**

Sie bewerten also eine ganze Reihe von Fähigkeiten gleichzeitig und nicht allein die Aufmerksamkeit. Versuchen Sie, die Zuhörfähigkeiten Ihrer Schüler in verschiedenen Kontexten zu evaluieren und achten Sie auf Schlüsselfaktoren, die die Aufmerksamkeit der Schüler beeinflussen.

 **4.** **Motivation**

Ziel der Bewertung sollte nicht sein, die Schüler durch unsere Bewertung bloßzustellen. Genauso wenig sollten wir Tests anwenden, die dazu dienen, die Schüler zu selektieren. Im Idealfall sollten die Ergebnisse der Bewertungen Schülern, Lehrern und Eltern Informationen darüber geben, was die Schüler können und ob sie so weit sind, dass man mit dem Unterrichtsstoff weitergehen kann.

Das bedeutet, dass wir Bewertungen so gestalten müssen, dass sie positiv und motivierend wirken – sie sollen den Schülern Gelegenheit geben, uns zu zeigen, was sie können. **Berücksichtigen Sie dabei die individuellen Lernvoraussetzungen der Schüler.** Unterfordern Sie die stärkeren Schüler nicht und verlangen Sie von den Lernschwächeren nichts, was diese nicht leisten können. Setzen Sie die Messlatte insgesamt nicht zu hoch. Sie sollten bei Ihren Schülern nur die Lernziele bewerten, die auch tatsächlich aus Ihrem Unterricht hervorgegangen sind. Wenn Sie Ihre Schüler und sich selbst zu Reflexion und Selbstbewertung motivieren wollen, dann sollten Sie sich ein Dokumentationssystem anlegen. Dieses sollte Ihnen garantieren, dass die Bewertung Ihren Lernzielen angepasst ist und Ihnen so eine angemessene Benotung ermöglichen.

Ein **Hörtagebuch** ist ein wichtiger Bestandteil eines solchen Systems. Es ist dazu geeignet, Lehren, Lernen, Bewertung, Zielsetzung und Dokumentation zusammenzubringen. Es zeigt den Schülern, worum es beim Zuhören wirklich geht.

5. Lernerfolge festhalten

Wissen Sie, was jeder Schüler in Bezug auf Aufmerksamkeit gelernt hat? Wie führen Sie Buch über diese Fortschritte?

**Wahrscheinlich machen
Sie sich Notizen zu:**

- ☐ ihrer eigenen Planung
- ☐ den Einzelleistungen der Schüler

Achten Sie darauf, dass Sie die Schüler in unterschiedlichen Lernsituationen (Informationen sammeln, Problemlösung, Diskussion) und unterschiedlichen Sozialformen (Partner-/Gruppenarbeit, Plenum) beobachten.

Sie könnten sich zum Beispiel für jeden Schüler eine Karteikarte anlegen. Einige Lehrer konzentrieren sich jeden Tag auf eine kleine Gruppe von Schülern und halten ihre Beobachtungen dann auf Karteikarten fest. **Halten Sie auch Konferenzen mit einzelnen Schülern ab** und lassen Sie die Eindrücke daraus mit in ihre Bewertungen einfließen. Die Aufzeichnungen können auf einzelne Ereignisse und Situationen eingehen, sollten aber auch allgemeinere Beobachtungen enthalten. Sie können wertvolle Hinweise für die Unterrichtsplanung liefern.

Einige Lehrer ziehen es vielleicht vor, ihre Beobachtungen zu bestimmten Zeitpunkten festzuhalten und die Schülerkartei nur ein- oder zweimal pro Schuljahr zu aktualisieren. In diesem Fall ist es wahrscheinlicher, dass sich die Beobachtung nur auf bestimmte Aspekte konzentriert.

Anhang

Hier finden
Sie einige Kopiervorlagen
für Arbeitsblätter und
die Literatur- und Surftipps.

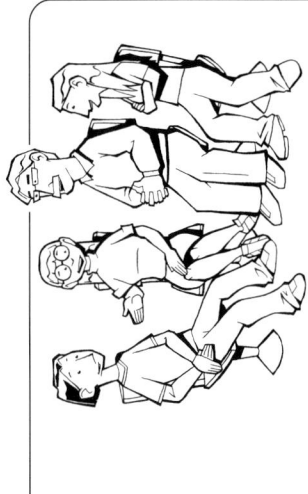

Wie verhalte ich mich in einem Gespräch? (1)

Datum: _____

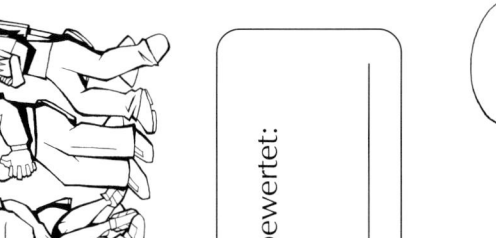

Name der Person, die bewertet wird: _____

Name der Person, die bewertet: _____

Fähigkeit, etwas zu einem Gespräch beizutragen:

_____

_____

_____

Fähigkeit, dem Gespräch zu folgen:

Fähigkeit, sich mit Fragen und Ideen in das Gespräch einzubringen:

Verbesserungsvorschläge:

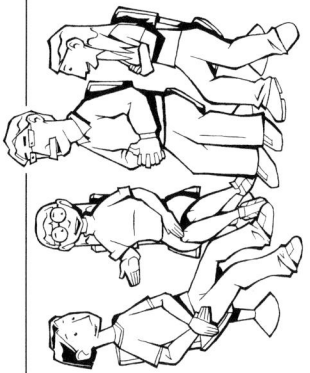

Wie verhalte ich mich in einem Gespräch? (2)

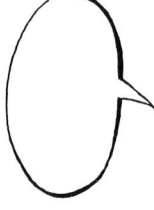

Datum: _____

Name der Person, die bewertet wird: _____

Name der Person, die bewertet: _____

Wie hat der Schüler die folgenden Verhaltensweisen umgesetzt:

▸ Auf Gesprächspartner eingehen: _____

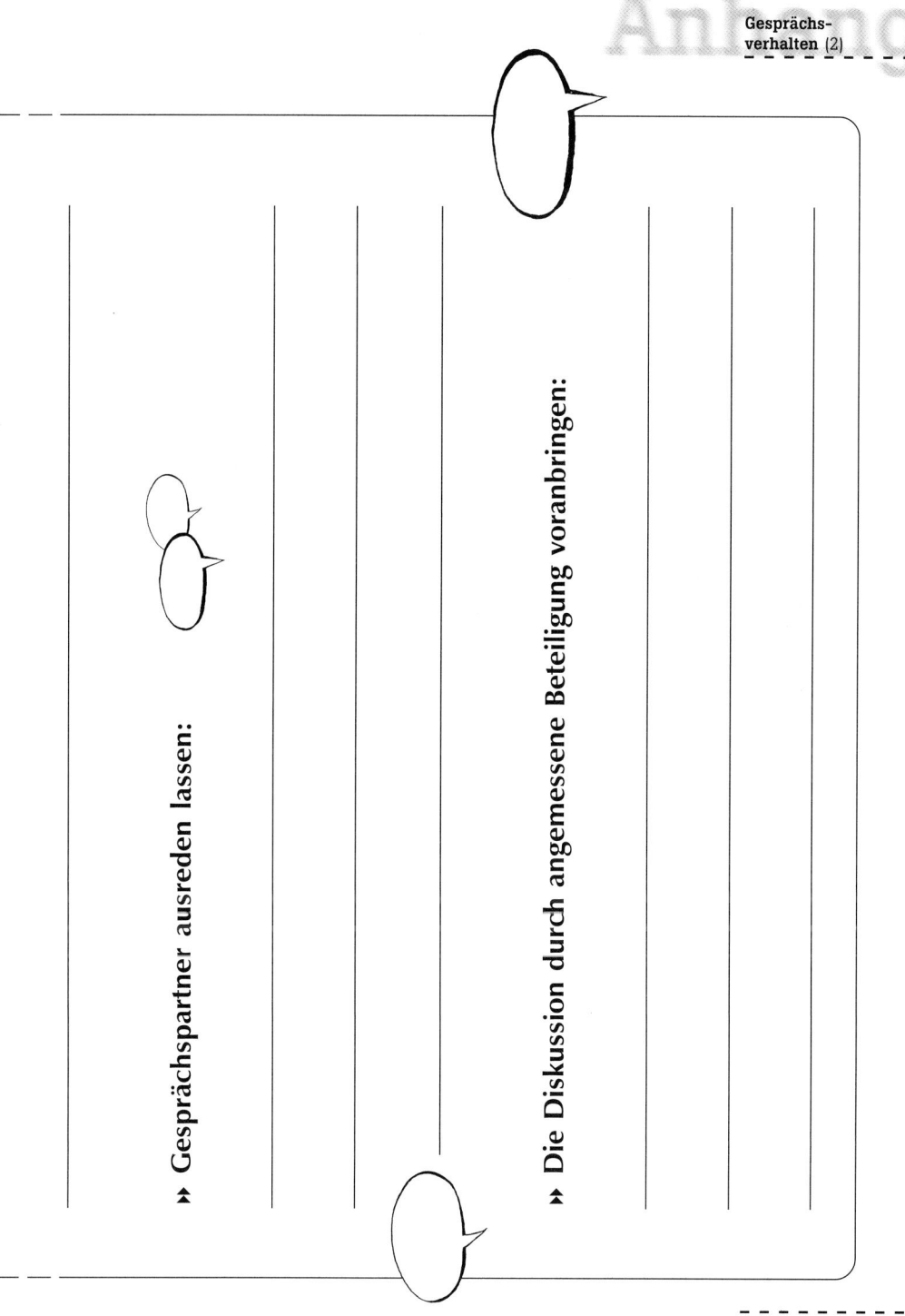

» Gesprächspartner ausreden lassen:

» Die Diskussion durch angemessene Beteiligung voranbringen:

Wie verhalte ich mich in einem Gespräch? (3)

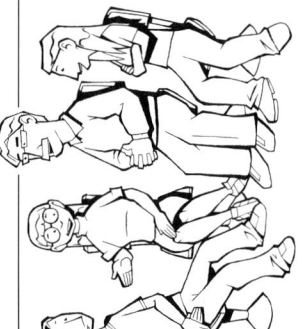

Datum: _____

Name der Person, die bewertet wird:

Name der Person, die bewertet:

Name der Person, die bewertet wird: _____

1. Stellt der Schüler anderen Fragen, die ihm helfen zu verstehen, was gerade diskutiert wird?

   ▸▸ **Wenn ja, nenne ein Beispiel:**

2. Hört sich der Schüler die Meinungen anderer an und geht er auf sie ein, wenn er mit eigenen Ideen zur Gruppendiskussion beiträgt?

   ▸▸ **Wenn ja, nenne ein Beispiel:**

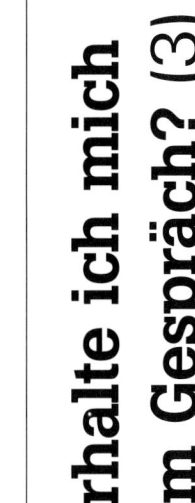

3. Greift der Schüler Mitschüler durch verbale Attacken an oder
äußert er seine Meinung auf ruhige Art und Weise?
▸▸ **Nenne ein Beispiel:**

4. Regt der Schüler die Diskussion an, indem er andere ermutigt, ihre Ideen einzubringen?
Stellt er sinnvolle Fragen, die einem Sprecher helfen, sein Konzept zu entwickeln?
▸▸ **Wenn ja, nenne ein Beispiel:**

5. Spricht der Schüler in der Gruppendiskussion deutlich und flüssig,
damit die anderen seinen Konzepten folgen können?
▸▸ **Wenn ja, nenne ein Beispiel:**
(Du solltest dazu auch die Meinungen der anderen Gesprächsteilnehmer einholen.)

6. Respektiert der Schüler die Beiträge anderer und geht er auf sie ein, wenn er spricht?
▸▸ **Wenn ja, nenne ein Beispiel:**
(Auch hierzu solltest du die Meinungen der anderen Gesprächsteilnehmer einholen.)

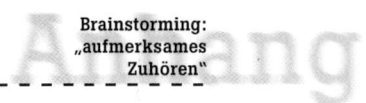

siehe Seite 14

Ein erstes Brainstorming zum Thema „aufmerksames Zuhören"

Schreibe hier auf, wem du alles zuhörst! Einiges wurde schon für dich ausgefüllt. Wenn etwas davon nicht auf dich zutrifft, kannst du es durchstreichen.

Meinen Freund am Telefon

Meinem Lehrer

Meinen Eltern, wenn sie mich
morgens zum Frühstück rufen

Dem Radio

siehe Seite 18

Hörtagebuch

Datum: _____

Uhrzeit: _____

Was höre ich mir an?

Wer ist mit einbezogen?

Warum höre ich zu?

Was hat mir beim aufmerksamen Zuhören geholfen?

Was hat mich am aufmerksamen Zuhören gehindert?

siehe Seite 21

Hörübungen

Schreibe für jede Übung auf, was dir das Zuhören erleichtert oder erschwert.

	Das **erleichtert** mir das Zuhören.	Das **erschwert** mir das Zuhören.
1. Höre jemandem zu, der laut vorliest.		
2. Höre jemandem zu, der dir am Telefon eine kurze Nachricht durchgibt, die du dann weitergeben sollst.		
3. Höre jemandem zu, der einen Textausschnitt aus einem wissenschaftlichen Buch vorliest.		
4. Höre jemandem zu, der erklärt, was ihr zuletzt in Biologie gemacht habt.		

www.verlagruhr.de
© Verlag an der Ruhr

5. Schaue dir eine Videoaufzeichnung eines Wetterberichts an.		
6. Höre dir eine Wettervorhersage im Radio an (aber für einen anderen Tag).		
7. Höre in einer Kleingruppe einem Mitschüler zu, der von seine·n Haustier, seiner Familie oder seinem Hobby erzählt.		
8. Höre dir die Anweisungen deines Lehrers an.		
9. Höre dir ein Musikstück an.		

Literatur**tipps**

- *Bay, R. H.:*
  Erfolgreiche Gespräche durch aktives Zuhören. Expert Verlag 2000.
  ISBN 3-8169-0264-2.

- *Bernius, V.; Gilles, M.:*
  Hörspaß. Über Hörclubs an Grundschulen. Verlag Vandenhoeck & Ruprecht 2002. ISBN 3-525-480001-6.

- *Berendt, J. E.:*
  Ich höre – also bin ich. Hör-Übungen – Hör-Gedanken. Goldmann 1997.
  ISBN 3-442-12481-6.

- **Ganz Ohr. Interdisziplinäre Aspekte des Zuhörens.**
  Red.: *Bernius, V.; Sarkowicz, H.,*
  Verlag Vandenhoeck & Ruprecht 2002.
  ISBN 3-525-48000-8.

- *Huber, L.; Kahlert, J.; Klatte, M. (Hrsg.):*
  Die akustisch gestaltete Schule: Auf der Suche nach dem guten Ton.
  Vandenhoeck & Ruprecht Verlag 2002.
  ISBN 3-525-48002-4.

- *Kahlert, J.; Schröder, M.; Schwanebeck, A. (Hrsg.):*
  Hören – Ein Abenteuer. Reinhard Fischer Verlag 2001. ISBN 3-88927-280-0.

- *Loughton, J.:*
  Hör' doch endlich mal zu! Wie Zuhören funktioniert und wie man es verbessert.
  Arbeitsblätter und Übungen. Verlag an der Ruhr 2002. ISBN 3-86072-749-4.

- *Miyata, C.:*
  Vortragen, Zuhören, Kommunizieren. Ein Trainingsbuch. Verlag an der Ruhr 2002. ISBN 3-86072-741-9.

- *Nichols, M. P.:*
  Die wiederentdeckte Kunst des Zuhörens. Verlag Klett Cotta 2000.
  ISBN 3-608-91916-3.

- *Pfeiffer, K.:*
  Besser zuhören, besser lernen.
  Verlag Lendersdorfer Traumfabrik 2001.
  ISBN 3-89778-010-0.

- *Preuß, C.; Ruge, K.:*
  Alltagsgeräusche als Orientierungshilfen. Audio-CD mit Bilddaten.
  Verlag an der Ruhr 1997.
  ISBN 3-86072-289-1.

- *Preuß, C.; Ruge, K.:*
  Geräusche im Zoo. Audio-CD mit 28 Bilddaten. Verlag an der Ruhr 2000.
  ISBN 3-86072-482-7.

- *Schulz von Thun, F.:*
  Miteinander reden. Störungen und Klärungen. Allgemeine Psychologie der Kommunikation. Rowohlt Taschenbuch Verlag 1996. ISBN 3-499-17489-8.

- *Zimmermann, H.:*
  Sprechen, Zuhören, Verstehen in Erkenntnis und Entscheidungsprozessen.
  Freies Geistesleben & Urachhaus 1997.
  ISBN 3-7725-1207-0.

www.verlagruhr.de
© Verlag an der Ruhr

Surf tipps

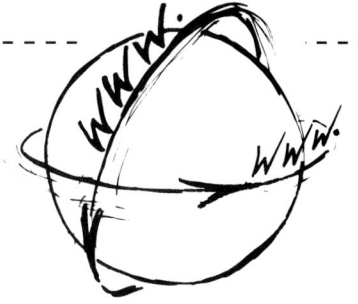

■ www.hr-online.de/zuhoeren
Der Verein hat es sich zum Ziel gesetzt, das Zuhören zu fördern und vor allem an Kinder und Jugendliche zu vermitteln. Zu den Aktivitäten zählen Hörclubs, Veranstaltung von wissenschaftlichen Tagungen und die Unterstützung von praxisrelevanten Forschungen. Hier finden Sie u.a. Literaturtipps, Veranstaltungshinweise und ein Klangrätsel.

■ www.forumbesserhoeren.de
Auf dieser Web-Site gibt es alle Fakten rund um's gute Hören, aber auch Informationen zu Hörproblemen und was man dagegen unternehmen kann.

■ www.ganzohrsein.de
Das Projekt „GanzOhrSein" beschäftigt sich mit der Entwicklung, Erprobung und Evaluation von Unterrichtsbausteinen, Elementen zur Schulgestaltung und werkstattorientierter Lehrerfortbildung. Die Schwerpunkte liegen auf der akustischen Gestaltung von Schule und der Schaffung von Hörerfahrungen für die Schüler.

■ www.sdh.de
Die **Schule des Hörens** hat sich zur Aufgabe gesetzt, die Kunst- und Kulturformen des (Zu)Hörens und die Notwendigkeit des Hören-Lernens mehr ins Bewusstsein der Menschen zu rücken. Sie fördert Schrift-, Bild- und Tonträgerpublikationen sowie multimedialen Präsentationen und unterstützt Projekte der Bildung, Erforschung und Pflege der Sinneskompetenz des Hörens. Sie veranstaltet zielgruppenorientierte Seminare, organisiert Vorträge, entwickelt Aus- und Fortbildungskonzepte und plant öffentliche Veranstaltungen.

■ www.laermwerkstatt.de
Die Lärmwerkstatt umfasst über 2 200 Dateien mit Texten, Sounds und Abbildungen zum Thema Lärm, Akustik, Schall und Hören.

■ www.flubidux.de
Hier gibt es Hör-Spiele für Kinder im Netz.

■ www.tinnitus-liga.de
Webseite der **Deutschen Tinnitus-Liga e.V.**, einer gemeinnützige Selbsthilfeorganisation gegen Tinnitus, Hörsturz und Morbus Menière (Drehschwindel/ Schwindelangst, Erkrankung des Innenohrs).

■ www.lernfoerderung.de/
Hier finden Sie Informationen und Tipps bei Lernproblemen, u.a. auch zum Aufmerksamkeits-Defizit-Syndrom.